5년 후 내가 나에게

5년 후 내가 나에게

초판 1쇄 | 인쇄 2021년 11월 21일
초판 1쇄 | 발행 2021년 12월 01일

글쓴이 | 김영돈 김규연 김순복 백세영 안순화
　　　　오순금 장복순 정문성 최혜경
펴낸이 | 한상형
편　집 | 정헌희 명은심
디자인 | 최선호
펴낸곳 | 한국강사신문
출판등록 | 제 2019-000092호
주　소 | 서울 용산구 청파로 269, 4층 한국강사신문
전　화 | 02-707-2210
팩　스 | 02-707-2214
홈페이지 | www.lecturernews.com
이메일 | gaeahh17@gmail.com

• 책값은 표지 뒷면에 표기되어 있습니다.
　ISBN 979-11-970348-2-4

Copyright ⓒ 2021 by 한국강사신문, All rights reserved.
·이 책의 내용을 이용하려면 반드시 한국강사신문 출판사의 동의를 받아야합니다.

5년 후 내가 나에게

prologue

5년 후 내가 나에게

2021년, 코로나19가 세상에 창궐한 지 2년째 되는 해 문득 이런 궁금증이 생겼다. '나는 내 삶의 주인인가?' 이 질문을 적어놓고 한참을 들여다보니 '누가 누구의 주인인가?'하는 의문이 생겼다. "나는 과연 누구의 주인이고 누구의 노예인가?" 이 질문을 내가 만나는 많은 사람들에게 적용해 보았다. 노숙인, 중독자, 우울증으로 고통 받는 청소년, 상담과 치료가 필요한 비자발적인 대상자뿐만 아니라 사람들이 보기에 남부러운 것이 없는 권력과 명예, 재산을 소유하였음에도 분노, 권태, 공포 등으로 귀한 시간을 어처구니없이 낭비하는 사람들에게. 모두가 누군가에게 쫓기듯 살아가고 있었다. 그래서 "무엇이 당신을 그렇게 몰아붙이죠?"하고 물었다. 그 결과 그들을 몰아붙이는 것은 다름 아닌 자신의 '마음'이라는 결론에 이르렀다.

내가 상담을 해왔던 20여 년간의 세월은 이런 마음을 발견하고 추스르는 방법을 찾는 데 보냈던 것 같다. 그래서 마음이 어느 곳에 있으며 어떤 모양인지 숱하게 찾아보았다. 그 결과 두 가지 사실을 깨달았다. 하나는 마음은 사람마다 모두 다르다는 것이고, 다른 하나는 마음도 통제할 수 있다는 사실이다.

100조 개가 넘는 뇌의 뉴런 네트워크에 투입되는 정보는 사람마다 다른데, 그 이유는 조상 또는 부모로부터 물려받은 유전자의 영향과 자라면서 받은 외부자극 때문이다. 그러므로 100조 개가 넘는 시냅스가 외부정보를 받아 만들어내는 시냅스 네트워크가 사람마다 다른 것은 너무 당연한 일일 것이다. 그렇다면 이 마음을 어떻게 통제할 수 있을까? 그것은 의식적으로 '마음먹기'에 따라서 바꿀 수 있다. 독서, 여행 등을 통한 직간접적인 마음공부와 긍정적으로 상상하는 훈련을 통해 가능해질 수 있다. 뇌는 상상과 현실을 구별하지 못한다. 따라서 마음이 상상하면 실제로 경험하는 것과 같은 효과가 나올 수 있다. 상상은 때때로 현실이 된다. 마음이 어떤 상황에서 어떻게 대응할 것인가를 생각하고 연습한다면 실제로 그런 상황이 되어 그것에 대응해야 할 때에는 간단하게 해낼 수 있다. 뇌가 오랜 세월 그 일을 하는 훈련을 해왔기 때문이다.

래리 도시 박사는 "의식이란 우리의 마음이 하는 일들까지 포괄하는 것으로 의식이 맨 꼭대기에 있고, 그다음이 마음, 두뇌는 그 아래에 있다"고 하였다. 의식이란 우리의 마음, 정서, 태도, 인식, 무의식 등으로 부르는 모든 것을 포괄하며 두뇌가 할 수 없는 일들, 예를 들면 의지, 기도 등을 통하여 먼 거리를 두고도 작용한다는 것이다.

마음이 의지적으로 결단을 하면 행동으로 실천하게 되고 이와 같은 행동 실천이 반복되면 습관이 된다. 이런 습관은 성격을 형성하게 되고 이 성격의 행동 패턴이 성품을 완성하게 된다. 이 성품이 결국 그 사람의 운명을 결정하곤 한다. 물론 이론적으로 흐름이 그렇다는 말이다. 상상을 초월하는 변수들은 늘 있는 법이니까. 결국 운명은 작은 습관의 결과물이고 습관은 마음으로부터 시작된다는 결론에 도달한다. 내가 내 인생의 주인이라는 말은 결국 내 마음의 주인이라는 말과 동일하다. 내 마음을 내가 원하는 대로 다룰 수 있다면 우리는 보다 많은 것을 성취할 수 있을 것이며 원하는 변화를 이룰 수 있을 것이다. 『5년 후 내가 나에게』는 이런 기대를 하고 출발했다.

이 책은 9명의 저자가 '내 마음의 주인'으로 살겠다고 다짐하고 쓴 4가지 주제의 글들을 엮은 것이다. 삶의 동력과 목적을 찾아서 매진(邁進)했을 때 얻게 될 5년 후 삶의 모습들이 오늘을 살아가는 저자들에게 강력한 동기를 부여하고 있다. 저자들의 이야기를 통해, 이 책을 읽는 동안 당신 역시 '5년 후 모습'을 상상하고, 그 모습대로 살아가기로 다짐하는 기회가 되기를 바란다.

자기연민에 빠지지 않고 오히려 감사하며 즉시 자신의 창조적인 목표(사명)에 매진하도록 만들 것이다.

마지막 주제는 2026년의 내가 2021년, 5년 전 나에게 보내는 메시지 "5년 후 내가 나에게"이다. 나의 마음을 다스리며 마음의 주인으로 살면서 2026년에 도달한 내가 그동안 살아오면서 알게 된 것들을 오늘의 나에게 전한다. 나는 어떤 눈빛을 가졌는가? 나는 어떤 걸 나눌 수 있는 사람인가? '5년 후의 나'는 '오늘을 살아가고 있는 나'에게 당부한다. '겸손과 자신감'을 가지고 내 삶의 주인으로 살아내지 못한다면 '2021년의 나'는 '2026년의 성장한 나'를 만나지 못할 것이라고.

"한 마리의 갈매기에게 그가 자유롭고, 조금만 시간을 내어 연습하면 자유의 참된 의미를 스스로 증명할 수 있다는 것을 납득시키기가 그렇게 어렵단 말인가? 왜 그것이 그다지도 어려운 일인가?"

미국의 소설가 리처드 바크의 소설 『갈매기의 꿈』에서 갈매기 조나단이 진리를 발견하고 나서 의아해하며 했던 말이다. 마음이 무의식적 습관의 노예로 살아가다 보면 작은 행동의 변화도 일어나지 않는다. 그러나 갈매기 조나단은 '수직 날기와 비상'을 터득한 의식적 습관의 주인이었고, '어디든 마음먹으면 원하는 곳에 도달할 수 있다'는 진리를 발견하게 되었다. 이 작은 진리가 오늘 이 책을 읽는 당신의 삶에서도 실천되기를 바란다.

첫 번째 주제는 "내 인생의 흑백사진 한 장"이다. '내 마음의 주인'으로 살기로 다짐하게 만든 매개체이다. 현재의 나를 지탱하게 해준 혹은 나를 살아가게 해준, 마음속의 사진 한 장을 꺼내어 지나온 과거를 되새겨보았다. 때로는 나를 지치고 힘들게 했으며 화나고 분노하게 만들기도 했던, 사진에 얽힌 마음의 기억을 풀어냄으로써 지금의 나를 각성시키는 기회로 삼았다.

두 번째 주제는 성공 습관이 이루어낸 "5년 후 삶의 모습"이다. 성공을 위해서는 '보람과 의미'가 필수 요소이다. 보람을 찾으며 매진했던 일, 봉사, 나눔의 실천 등을 통해 발전해나가는 나의 삶에 대한 자세와 태도를 기록했다. 일, 건강관리, 여행, 계절을 즐기는 눈, 예민한 감수성의 계발 등을 통하여 세월이 지나도 눈부시게 살아갈 수 있는 '마음의 주인'이 보여주는 삶의 모습을 그렸다.

세 번째 주제는 마음의 주인으로 창조적인 목표를 추구하며 살아낸 "5년 후 오늘, 나의 하루"이다. 어느 날이든 자신의 하루 일정을 선명하게 그려보는 것이다. 대부분 5년 후에도 건강관리와 책 읽기 등 자신을 위해 시간을 투자하는 습관에는 변함이 없겠지만 5년이라는 세월 동안 '실존과 사명'이라는 두 가지 과제가 추가되었다. 삶의 주인으로 살아가는 하루는 과거나 미래에 집착하기보다는 '오늘, 지금, 여기'에 집중하여 살도록 돕는다. 그리고 예상치 못한 시련이 닥쳤을 때에도 후회나 김영돈, 김규연, 김순복, 백세영, 안순화, 오순금, 장복순, 정문성, 최혜경. 책을 써서 세상에 내놓는 것보다 더 귀한 친구들을 만났다. 2021년, 친구들은 대부분 인생의 후반전을 뛰고 있다. 땀을 뻘뻘 흘리며 눈을 크게 뜨고 최선을 다해 달리며 인생의 동료들에게 기회를 나눈다. 그가 골을 넣기를 간절히 바라면서. 그리고는 혹여 모르는 또 다른 기회를 찾기 위해 부지런히 움직인다. 5년 후의 내가, 지금의 나를 관전한다. 박진감 넘치는 승부다.

2021년 12월
소요(逍遙) 김영돈 코치

차례

프롤로그 / 소요(逍遙) 김영돈 코치 · 4
에필로그 / 눈부시게 빛나는 당신에게 · 238

1장. 김영돈 _ 할미꽃 손사래 · 14
　　　　　　　내 인생의 파이 한 조각 · 21
　　　　　　　오늘 내 이럴 줄 알았어 · 27
　　　　　　　흐름의 통로 · 33

2장. 김규연 _ 통곡의 영접기도 · 40
　　　　　　　주님의 나팔수 · 48
　　　　　　　기도하며 씨앗을 뿌리는 리더 · 54
　　　　　　　매순간이 축복이다 · 59

3장. 김순복 _ 엄마의 돈 봉투 · 68
　　　　　　　나눔의 아이콘 · 72
　　　　　　　새로운 미션 · 78
　　　　　　　견디는 삶에서 누리는 삶으로 · 83

4장. 백세영 _ 키다리 아저씨 · 92
　　　　　　　해피트리 심리연구소 · 98
　　　　　　　키다리 가족의 미라클 하루 · 104
　　　　　　　흔들리며 자라난 나무 · 111

5장. 안순화 _ 시어머니와 나란히 병상에 누워 · 120
나눔 마케터 · 126
여전히 감사한 하루 · 131
감사는 나의 힘 · 135

6장. 오순금 _ 어머니와 아버지의 사진 · 142
제주힐링쉼터 · 147
제주를 품은 시간 · 153
'진짜 나'로 살다 · 158

7장. 장복순 _ 모모 의상실 · 166
꿈 사용설명서 · 171
꿈의 전도사 · 176
흑진주가 전하는 꿈 · 181

8장. 정문성 _ 지게와 발채 · 190
톡톡(talk talk) 건강메신저 · 196
젊은이와 함께하는 건강한 현역 · 202
보헤미안 토마스 · 206

9장. 최혜경 _ 가족사진 두 장 · 214
정인평생교육개발원 · 219
늦깎이로 이룬 작가의 꿈 · 225
중년의 소녀, 작가 되다 · 232

내 인생의 흑백사진 한 장
할미꽃 손사래

5년 후 삶의 모습
내 인생의 파이 한 조각

5년 후 오늘, 나의 하루
오늘 내 이럴 줄 알았어

5년 후 내가 나에게
흐름의 통로

逍遙 김영돈

- 국제 동기면담 훈련가(KAMI), 상담학 박사
- 안나의 집(노숙인시설) '동기면담 프로그램' 운영
- '흐름의 통로'로 아픈 이웃에게 '질문'으로 변화를 돕는다
- 저서: 『말주변이 없어도 대화잘하는 법』, 『삐뚤어진 또라이의 작가일지』
  공저 『미래일기』

내 인생의 흑백사진 한 장

할미꽃 손사래

구판장을 배경으로 한 송이의 할미꽃이 손사래를 치고 있었다. "어미 걱정하지 말고 어서 가. 학교 늦겠다."하고 말하는 듯한 손짓이었다. 만원 버스를 타고 구판장을 바라보았을 때 여전히 손을 흔들고 있는 어머니의 모습은 '한 송이 할미꽃'이었다.

40여 년 전, 내가 13살 때의 일이었다. 그날은 5월 7일, 어버이날 전날이었다. 한밤중에 어머니가 일어나 나를 부여잡고 통곡을 했다.

"내가 막내가 불쌍해서 죽을 수가 없다."

나는 영문도 모르고 따라 울었다. 곤한 잠결에 일어났던 일이라서 아침에 잠에서 깨어났을 때에는 간밤의 일이 꿈인지 생시인지 가물가물했다. 하지만 눈을 뜨자마자 몇 번인가 나도 모르게 진저리가 쳐지며 마음이 풀썩 가라앉는 것을 느꼈다. 하지만 밝은 표정으로 밥상을 들고 들어오는 어머니의 해맑은 미소를 보고는 꿈이었다고 생각했다. 그날 아침 밥상에는 쑥국, 풋고추 그리고 하얀 쌀밥이 소담스럽게 담겨있었다.

어젯밤 일이야 아무려나 5월은 휴일도 많고 아름다운 계절이기에 나는 금세 마음이 들떴다. 산에서 불어오는 바람에서는 싱그런 소나무와 참나무의 향기가 묻어났고, 사슴벌레가 날아다녔으며, 외양간 옆 감나무에는 감꽃이 활짝 피어있었다. 뜨락에는 쌀밥을 엎어놓은 것 같은 사발 꽃이 만발했고 담장 너머에는 은행나무 한 그루가 타고 올라가 놀기 좋을 만큼 자라 있었다. 갓 못자리를 끝낸 논에는 물이 찰랑찰랑하고 노란 송화가루가 넘실거렸다.

집에서 버스정류장은 걸어서 15분 정도 거리에 있었고, 그 중간 지점에 작은 구판장이 있었다. 구판장에서는 생활용품과 먹거리, 쫀드기, 풍선껌, 알사탕 같은 주전부리 등을 팔았다.

그날은 어머니가 구판장까지 가방을 들어주시며 무지개 사탕과 과자(지금 생각하니 '맛동산'으로 기억된다) 한 봉지를 사서 가방에 넣어주셨다. 구판장에서 정류장까지는 5백 미터 정도 되는 거리였다. 정류장에 버스를 타러 가면서 나는 몇 번이나 뒤를 돌아보았다. 차를 타기 전에 멀리서 손을 흔드는 어머니의 모습은 한 송이 '할미꽃' 같았다. 뒷산 무덤에 소담하게 피어있던 할미꽃은 내가 본 꽃 중에서 가장 예쁜 꽃이었다.

구판장을 배경으로 한 송이의 할미꽃이 손 흔들고 있는 모습, 그 '할미꽃'이 내가 본 어머니의 마지막 모습이었다. 그 장면은 아직도 주홍

글씨처럼 내 가슴에 박혀있다. 내 마음에 옹이로 남아있는 주홍글씨는 지금 내가 사람들을 이해하는 데 도움을 주고 있다.

그날은 어버이날 전날이라 학교에서 미술시간에 부모님께 드릴 카네이션을 만들었다. 그리고 나는 구정 때부터 차곡차곡 모아둔 세뱃돈을 털어 어머니께 선물로 드릴 브로치를 샀다. 하늘색 모조 보석이 은은하게 박혀있는 브로치였다. 스프링 공책을 뜯어 뜯긴 부분을 칼로 반듯하게 다듬어서 편지지처럼 만들어 편지도 썼다.

"어머니 은혜 감사합니다. 엄마, 지금은 힘들지만 힘내세요. 내가 이 다음에 돈을 많이 벌어서 엄마 호강시켜드릴게요. 오늘은 어버이날, 엄마 주름살에 파도가 치는 것 같아서 속상할 때가 있어요. 하지만 이다음에 내가 크면 엄마 편하게 살게 해드릴게요."

편지는 서너 번 접어서 카네이션과 같이 편지봉투에 넣고, 브로치는 포장하여 비닐봉지에 싸서 가방 한구석에 잘 넣어두었다.

집 앞 정류장에 내렸을 때, 길옆의 도랑에는 물방개가 헤엄치고 있었고 길 가에는 달맞이꽃이 소복하게 피어있는 것이 보였다. 나는 개선장군처럼 설레는 마음으로 집을 향해 걸었다. 언제나 선물을 드릴 때면 마지못한 척하시며 받으시지만 나는 그 표정 속에 담긴 엄마의 속내를 읽을 수 있었다. 어머니가 느끼는 몇 안 되는 기쁨 중에 하나였을 것이다.

구판장을 지날 즈음이면 늘 우리 집이 보였다. 청색 슬레이트 지붕에 야트막한 담장, 담장 아래 은행나무 한 그루가 있는 집, 뒤편으로 아름드리 상수리나무와 감나무, 모과나무, 고욤나무, 작은 대나무 숲이 있는 집, 장독대 뒤편으로 노란 골담초 나무가 울타리를 이루고 있는 집이다. 그날도 여느 날처럼 구판장 앞에서부터는 마음이 급해졌다.

그런데 그날은 무언가 평상시와 달랐다. 저 멀리 집 언저리에 천막이 보이고 사람들이 웅성웅성 모여 있었다. 내가 막 구판장을 지나려던 참에 구판장 아주머니가 나를 불러 세웠다.

"얘, 너 점심은 먹었니?"

"아니요, 집에 가서 먹으면 돼요. 근데 왜요?"

구판장 아주머니는 나를 안으로 끌어들이더니 건빵 하나를 건네주었다.

"이것 좀 먹고 있어라. 내가 라면을 끓여줄 테니 먹고 가렴."

나는 아주머니의 뜬금없는 제안에 어리둥절했다. 집에 손님이 온 것 같기도 했고 옆집에서 환갑잔치가 열린 것 같기도 해서 궁금했다. 아주머니는 건빵을 뜯어서 내 손에 쥐여 주고는 "조금만 기다려라. 내가 금방 라면을 끓여줄 테니까 먹고 가라."고 하셨다. 라면은 어머니가 기분 좋을 때 끓여주시던 별미였다. 나는 의아한 마음과 설렘, 궁금증 같은 게 한꺼번에 몰려오는 야릇한 기분에 사로잡혀 무심코 건빵을 씹어 먹으며 기다렸다.

"자, 다됐다." 하면서 라면을 들고 오던 아주머니의 손이 사시나무처럼 떨렸다. 그러다 그만 문지방에 걸려 넘어지면서 라면 냄비를 엎어버리고 말았다. 아주머니는 "에구머니나, 이를 어째, 이를 어째..." 하면서 라면을 쓸어 담다 말고 갑자기 나를 끌어안고 울기 시작했다. 나는 덜

컥 겁이 나서 뒤로 물러서며 말했다.

"아줌마, 왜 이러세요?"

"너, 집에 가지 마라. 네 엄마가 죽었단다. 아휴, 불쌍해서 어쩌니..." 하면서 나를 다시 한 번 끌어안았다. 엎어진 라면 국물이 가방에 튀어 가방에 얼룩이 졌다. 그러나 카네이션과 편지, 브로치는 무사했다.

나는 구판장 아주머니를 뿌리치고 허둥지둥 집을 향해 발걸음을 옮겼다. 어떻게 걸어갔는지 혹은 뛰어갔는지 기억이 나지 않는다. 어른들이 웅성거리며 모여 있는 사이로 들어서자 갑자기 더 큰 울부짖음이 들려왔다.

나는 그날, 어머니에게 편지를 전하지 못했다. 선물도 꽃도 전하지 못했다. 정성스럽게 준비한 선물을 전하지 못할 일이 생길 수도 있다는 사실을 받아들이기까지는 많은 시간이 걸렸다. 어버이날 선물은 내가 어머니에게 드리는 연중 가장 호사스러운 선물이었다. 어머니는 "돈이 어디서 나서 이런 걸 사 오니?" 하시면서도 해마다 5월이면 은근히 기대하는 눈치였다. 카네이션과 브로치를 선물하면, 카네이션은 그 주 내내 달고 다니셨고, 브로치는 5월 말쯤 마을 사람들과 설악산이나 동해로 나들이를 갈 때 꼭 달고 가셨다.

무학에 한글을 깨치지 못했던 어머니는 글을 달콤하게 쓰는 막내아들을 무척 좋아하셨다. 그러나 가난과 남편의 실명은 어머니의 모든 행복을 앗아갔다. 마을에서 '색시'로 불리던 어머니셨지만, 10여 년째 남편의 병시중을 들며 힘들고 속상한 일이 있을 때면 손톱을 물어뜯으며 견디셨다.

　사춘기 소년의 가슴을 뚫고 지나간 상처는 쉽게 아물지 않았다. 그렇게 허망하게 어머니를 보내고 나서 나는 경상도에 사는 누이 집으로, 형님 집으로 거처를 옮겨 다니며 살게 되었다. '처진 어깨와 뻥 뚫린 가슴'으로 늘 헛헛해 하던 것이 학창 시절의 내 모습이었다. 내가 잠시 얹혀살던 형님의 집은 경부선 기차가 지나가는 길 바로 옆에 위치해 있었다. 뒷방에 누워있으면 기차가 내 뚫린 가슴 한가운데를 터널처럼 지나가는 느낌이 들었다.

　스무 살이 될 무렵, 나는 알게 되었다. 우리의 삶 가운데 기약 없는 이별은 언제든지 찾아올 수 있고, 대부분 우리의 계획과 상관없이 다가온다는 것, 그리고 우리의 삶은 자신이 스스로 선택하되 선택한 것에 대해서는 스스로 책임져야 한다는 것을. 그날로 나는 집을 떠났다. 어머니의 손사래는 이별의 표시가 아닌, "그동안 고마웠다. 덕분에 행복했구나. 내 걱정 말고 어서 네 길을 가라." 하는 격려의 손짓으로 여겨졌다.

　세상을 살아갈수록 그리움은 옹이가 되었고, 세상을 살아가면서 어머니에 대한 그리움은 내 삶의 동력이 되었다. 긍정적인 사고, 감수성, 사람에 대한 따뜻한 시선, 자립심, 사랑 모두 그리움을 통해 배웠다. 그리움의 산을 넘는 동안 삶의 크고 작은 진액을 맛보았다. 사람에 대한 그리움은 사람을 사랑하는 법을 알려주었고, 삶을 낭만적으로 살아가는 방법을 가르쳐주었다. 그리워하는 마음은 투명한 눈과 따뜻한 가슴, 그리고 남에게 의지하지 않는 자세도 일깨워 주었다. 뿐만 아니라 힘든 사람을 만나 생을 던져버리고 싶을 만큼 좌절했을 때도 버티고 일어설 수 있게 한 힘도 그리움이 전해준 선물이었다.

5년 후 삶의 모습

내 인생의 파이 한 조각

2026년이 밝았다. 나는 올 12월에 현 직장에서 은퇴한다. 퇴임식 대신 1년 전 준비한 수내동의 'MI 엠마오 커뮤니티'라는 상담소 9층에서 조촐한 파티를 열 예정이다. 나는 'MI 엠마오 커뮤니티' 상담소 소장으로 활동하고 있다. 우리가 사용하는 건물의 7층은 상담소, 8층은 100석 규모의 강연장, 9층은 숙소 겸 집필실 그리고 옥상은 도심을 바라보며 쉴 수 있는 꿈의 정원으로 구성되어 있다. 한국강사교육진흥원의 모든 강연은 본 강연장에서 진행한다.

나에게 은퇴는 새로운 시작이다. 은퇴를 하면 직장에 쏟았던 시간만큼 온전히 나만의 시간이 생길 것이다. 새로운 생활에 연착륙하기 위해 오랫동안 준비한 것들이 결실을 맺게 될 것이다.

아침에 눈을 떠서 하루를 살아가는 나의 생활방식은 '도약, 선회, 몰입과 집중, 액션!'이다. 내 안의 가능성(재능, 정서, 감성 등)을 끊임없이 갈고 닦으면 세월이 흐를수록 선명하고 섬세한 감정을 소유할 수 있다는 사실을 나는 알았다.

내 인생을 100%의 파이 덩어리라고 볼 때, 80%는 온전히 내가 마음의 주인으로서 선택한 것이고, 20%는 내 의지와 무관하게 내가 감당해야 하는 부분이다.

내가 마음의 주인으로서 선택한 80%의 파이는 20%의 만남과 45%의 기도, 그리고 15%의 잠으로 구성되어 있다. 만남의 파이 20%는 지금 내가 시간을 내어 만나는 사람들을 말한다. 언제든 이유를 묻지 않고 시간을 낼 수 있는 친구들이다. 모두들 겸손함과 자신감을 가지고 살아가고 있으며, 다른 사람들에게 감동을 주며 봉사활동에도 힘쓰는 프로들이다. 45%의 기도에는 나의 부족함을 수용하는 기도와 창작을 위한 글쓰기 활동이 포함된다. 15%의 잠은 하루도 빠짐없이 만나게 되는 '진짜 나'의 시간이다. 이 잠 속에서 나는 하루를 조용히 정리하고 재충전한다. 인생이 나에게 준 완전한 휴식이다.

이 80%의 파이를 온전히 유지하기 위해서 나에게는 전문성(상담능력 및 자격), 봉사할 곳('안나의 집' 노숙인 거주시설), 사명(변화의 목적) 그리고 감성(기쁨과 즐거움)이 필요했다. 이를 뒷받침하기 위한 건강루틴으로 10년째 테니스와 수영을 하고 있으며, 거기에 3년 전부터는 골프도 추가했다. 운동은 내 인생의 파이 80%를 성공적으로 이루어내기 위한 적금 같은 것이다. 80%의 파이 덩이 안에는 다음의 4가지 덕목들도 포함되어 있다. 사람들을 차별하기보다는 차이를 인정하기(통찰), 사람들의 평판(겸손), 같이 추구하는 가치(협동), 나눔 실천하기(봉사)의 덕목들이다. 나는 이 덕목들을 놓치지 않으려고 끊임없이 나를 갈고 닦으며 글을 써왔다. 글쓰기는 삶을 풍요롭게 만들었고 나에게 고뇌를 감당할 수 있는 힘을 주었다.

나머지는 내 의지와 무관하게 주어지는 20%의 파이다. 나는 이 20%의 파이를 주목한다. 기도 외의 어떤 방법으로도 대처할 수 없는 인생의 고뇌다. 인간의 힘으로 감당하기 어려운 불가항력적인 일들을 나는 '고뇌의 파이'라 부른다.

세월의 흐름에 맡기고 견뎌낼 수밖에 없는 일들이 여기에 포함된다. 사랑하는 사람의 죽음, 예기치 못한 사고, 욕심에 압도되어 저지른 치명적인 실수, 계획과 다른 결과들, 선천적으로 물려받은 인간으로서의 한계 등은 나의 계획과는 무관하게 나를 흔든다. 이 20%의 파이를 만났을 때의 '나의 태도'가 나라는 인간을 가늠하는 중요한 잣대가 된다. 이 고뇌를 지혜롭게 감당하는 힘은 80%의 파이로 충전한다.

5년 전(2021년) 시작한 작은 글쓰기 과정이 생각난다. 지금 내 앞에는 『5년 후 내가 나에게』 공저가 있다. 공저를 바라보는 내 마음은 기쁘기 그지없다.

나는 공저과정에 참석한 8명의 작가들 모두에게 '마음의 주인'으로 산다는 것의 의미를 이야기하였다. 그리고 "작가님은 마음의 주인으로 살 수 있습니까?"하고 질문했을 때 8명의 작가들은 모두 "예"라고 대답했고, 우리는 서로 그 모습을 지켜보았다.

2021년 4월 17일의 첫 만남에서 우리는 각자의 인생에 큰 영향을 미치며 마음속에 걸려 있던 한 장의 '흑백사진'을 통해 자신의 마음을 알아챌 수 있었고, 그때부터 마음을 다스리기 시작했다. 이 한 장의 흑백사진은 현재의 자신을 온전히 수용하고 사랑해야 할 이유를 제시했다. 우리들은 각자의 흑백사진 속에서 삶의 목표를 찾아냈다.

2주차에는 성공 습관이 이루어낸 '5년 후 삶의 모습'이라는 주제로, 5년 후 내가 하는 일, 추구하는 목표, 봉사, 그리고 나의 감성(예술성, 사람에 대한 시선, 계절에 대한 감응)을 살펴보는 내용을 쓰는 과제를 제시했다. 글쓰기가 익숙하지 않은 예비 작가들은 흑백사진이 일깨워준 진정한 자신의 모습에 대한 감동의 여운이 사라지기 전에 5년 후 자신의 모습을 그려냈다. 마음의 주인으로 살아낸 5년 후 자신의 모습을 상상하는 작가들의 마음은 설렘과 기대 그리고 감동으로 가득 찼다.

3주차에는 '5년 후 오늘, 나의 하루'를 상상해 보기로 했다. 하루의 루틴에는 삶의 주인으로 산다면 '지금, 여기'에서 매순간 할 수 있는 일(실존)과 각자의 최선(탁월함)을 포함시켰다. 예측불허의 인생에서 최선을 다하는 것이 늘 성취를 보장하는 것은 아니지만, 매순간에 집중하는 태도는 성취를 이끌어내기 위한 실천행동이다.

마지막 4주차에는 '5년 후 내가 (지금의)나에게' 해주고 싶은 말들, 조언이나 격려, 칭찬 등을 써보는 시간을 가졌다.

『5년 후 내가 나에게』 공저 쓰기 과정은 단순한 저자되기, 책쓰기 프로그램이 아니었다. 공저 과정은 "4주간의 변화유발 프로젝트"였다. 그 과정을 통해 참여자들이 이루어낸 이 한 권의 저서는 변화의 결과물이었다. 우리는 막연한 희망을 품지 않았으며 실현 불가능한 꿈을 꾸지 않았다. 수고한 각자를 돌아보고 서로의 마음속에 품고 있던 흑백사진을 꺼내보며 '진짜 자신'의 진가를 발견하는 시간이었다. 5년 전, 백지 앞에서 막막하게 앉아있던 참여자들은 시간이 지나면서 자신의 속내를 꺼내며 자신의 진면목을 발견하기 시작했다.

올해는 공저자들을 위해 오순금 작가의 감귤 힐링쉼터와 백세영 작가의 건강과 상담의 힐링쉼터 '해피트리 심리연구소'에서 북 콘서트가 계획되어 있다. 청소년의 멘토로 자리 잡은 정문성 작가는 추진하던 건강 바이오 비즈니스가 성공적으로 정착하여 건강메신저로 활발하게 활동하고 있다. 광주의 최혜경 작가는 광주에서 『엄마의 온도』 출간 5주년 기념으로 1박 2일 북 콘서트를 준비해 주었다. 나눔을 실천하는 사람들과 함께하는 자리이다. 안순화 작가는 『내일도 감사할 나에게』라는 저서를 출간하고, 한국의 명품 건강식품 플랫폼과 연계하여 승승장구하고 있다. 군 장병들의 군 생활 적응과 자기성장을 돕는 일에 앞장서고 있는 김규연 작가는 변함없는 믿음의 용사로 기도와 글쓰기를 통한 말씀전파에 여념이 없다. 시니어의 친구 장복순 작가는 언제나 그 환한 얼굴로 외로운 노인들의 친구로 활동하고 있다. 『진주 씨의 꿈 사용설명서』는 장복순 작가에게 날개를 달아 주었다.

작가들은 사명감을 가지고 인생의 주인으로 우뚝 서서 흔들림 없이 잘 살아내고 있다. 올해 작가들의 일정에 내 일정을 포함시켜 본다. 5월에는 제주도 오순금 작가의 힐링쉼터에서 북 콘서트, 6월에는 백세영 작가의 '해피트리 심리연구소'에서 소확행, 7월에는 광주 최혜경 작가의 '정인평생교육개발원'에서 상담 재능기부 콘서트, 8월에는 'MI 엠마오 커뮤니티' 강연장과 옥상에서 김규연, 정문성, 안순화, 장복순, 김순복 작가님과 서울·경기 지역 북 콘서트가 계획되어 있다. 북 콘서트는 해당 지역 작가가 주최하며 참석자를 신청 받아 치루며 콘서트를 마치고 나면 조촐한 파티를 할 예정이다. 작가님들의 성장한 모습도 확인해 보고, 하는 분야의 활동상황 등 서로의 소식들을 나누는 시간을 가지려 한다. 우리의 모임은 간소하지만, 의미 있는 만남이 될 것이다.

  올해는 2026년 병오년 말띠해다. 우리는 모두 5년의 나이를 먹었으며 5년만큼 성장했다. 우리는 북 콘서트에서 다시 5년 후를 이야기할 것이다.

5년 후 오늘, 나의 하루

오늘 내 이럴 줄 알았어

2026년 4월 24일

 두 번째 30년을 맞이했다. 축구 경기로는 후반전 15분에 해당하는 60세다. 오는 6월에 공로 연수를 시작으로 나의 본격적인 인생 2막이 시작될 것이다.

 오늘은 'MI 엠마오 커뮤니티'에서 최혜경 작가의 북 콘서트와 『5년 후 내가 나에게』 출간 5주년 기념행사인 "5년 후, 내 이럴 줄 알았지" 준비를 위한 공저자 모임이 예정되어 있다. 새벽 4시, 설레는 마음으로 일어나 양치를 하고 수염을 깎는다. 10년 전 허리 통증을 이겨내기 위해 시작한 아침 스트레칭은 하루의 필수 코스다. 누워서 허리 붕어 운동, 허리 올리기, 다리 들어올리기, 푸시 업, 스쿼트 각각 100회씩, 등을 풀어주는 밸런스 운동 10분까지 아침 스트레칭을 소화하는 데 30분 정도가 걸린다. 6시부터 7시까지 아침 수영을 마치고 7시 30분에 상담소로 이동한다.

상담소로 가는 길에 함께 아침 수영을 마친 아내를 직장까지 태워다준다. 평생 삐뚤어진 남편과 사느라 일을 놓지 못한 아내를 위해 올해부터 아내가 은퇴할 때까지 출퇴근 전용 기사를 해주기로 약속했다. 아내를 직장 앞에 내려주고 수내동에 있는 상담소에 도착하여 업무를 시작하기 전 잠시 5년 전의 오늘을 회상해 보았다.

한국강사교육진흥원 주최로 열렸던 "책쓰기 힐링 캠프"에서 영감을 받아 공저 과정 "5년 후 내가 나에게"를 시작했다. 주님을 영접한 김규연 작가, 엄마의 돈 봉투를 계기로 강연 메신저가 된 김순복 원장, 항상 감사하는 나눔 마케터 안순화 작가, 하마터면 자신마저도 놓칠 뻔했던 오순금 작가, 키다리 아저씨의 지지와 응원으로 힘을 낸 백세영 작가, 무한 긍정 진주 씨 장복순 작가, 아버지의 지게와 발채를 통해 영원한 현역으로 살아가는 정문성 작가, 늦깎이로 작가의 꿈을 이룬 최혜경 작가 8명과 함께 시작한 공저 과정 덕분에 우리는 다양한 분야에서 봉사하는 메신저로서 우정을 나누는 친구가 되었다. 나이와 직업, 종교를 초월한 아름다운 공동체가 만들어진 것이다.

'MI정신(협동, 동정, 수용, 유발)' 안에서 나는 내가 만난 모두가 그의 우주 안에서 번성하기를 기원했다. 그들의 걱정을 질문하고, 아픔을 이해하며, 애씀을 인정했다. 그들보다 한걸음 뒤에서 걸으며, 옳고 그름을 판단하지 않았고, 그의 지향점을 부추기며 그에게 공감의 꽃을 모아 '우정'을 프러포즈해왔다. 꾸준히 5년간 함께 나누다 보니 '한국강사교육진흥원'과 'MI 엠마오 커뮤니티' 그리고 각각의 작가들이 운영하는 상담소와 단체의 공동체는 나눔과 성장을 지향하는 선한 공동체가 되었다. 각자 그들의 동기 안에서 선포한 '5년 후, 지금의 모습'은 상상 그 이상이었다. 마음의 주인으로 사는 삶은 시간이 지날수록 '창조, 나눔, 기쁨, 설렘, 보람'을 느끼게 했다.

오전 업무를 마치고, 최혜경 작가의 『엄마의 온도』 출간 5주년 기념 북 콘서트를 준비한다. 이미 서울과 경기도 인근 친구들에게 연락해 두었다. 물론 시간이 허락되는 친구들과 저자의 책에 관심을 가진 독자들이 참석한다. 신청자는 30명 정도로 한정하여 오붓한 콘서트가 진행될 것이다. 북 콘서트를 시작하기 전, 김규연 작가님이 축복 기도를 해주신다. 김규연 작가님의 기도는 언제나 영혼을 흔드는 힘이 있다.

오후 3시부터 5시까지 북 콘서트를 무사히 마치고, 5시부터는 오는 5월에 개최될 예정인 "5년 후, 내 이럴 줄 알았지"를 위한 공저자 예비 모임을 가진다. 공저를 썼던 작가들은 '그동안의 근황과 지금의 마음, 그리고 메신저들에게 전해주고 싶은 말' 순으로 5년 전을 회상하며 5분 스피치를 한다. 공저를 썼던 사람들은 모두 작가로 활동하고 있다. 그들은 자신만의 차별화된 콘텐츠로 그 분야에서 최고의 삶을 살아가고 있다. 우리는 서로가 서로에게 발전의 통로가 되어 주고, 변화의 메신저가 되며, 상대에게 깊은 배려를 해주는 관계로 연결되어있다. 서로의 궁금증을 나눈 후 "5년 후, 내 이럴 줄 알았지" 행사에 대한 아이디어를 모으며 의견을 나누는 시간을 가진다.

그동안 우리의 나눔 생활과 삶의 태도는 크게 성장했다. 세월의 흐름이 우리의 이마와 눈 가, 뱃살에서 연륜을 느끼게 할지라도 삶의 주인이 되어 살아가고 있는 사람들의 생기 넘치는 눈빛은 어찌할 수 없을 것이다.

5년 전, 4월 24일에 나는 어떤 일을 하고 있었던가? 소설『전사 진이』와 5명의 개발자와 함께 만든『변화를 돕는 의사소통 카드』원고를 〈학지사〉에 보냈다. 논문을 콘텐츠로 단행본『내가 당신을 계속 걱정해도 될까요?』라는 자기계발서 출간 제안을 해둔 상태였고, 그해 8월 17일에는 '청춘 콘서트'가 예정되어 있었다. 그때는 아직 이루어지지 않은 일들 때문에 걱정과 불안한 마음 그리고 한편으로는 기대감 등 여러 가지 감정이 뒤섞여 마음이 복잡했다. 그래서 그날도 나는 마음에게 말했다. "마음아, 여유를 가져. '오늘, 지금, 여기'에만 집중하자! 어떤 일에도 물러서지 말고 한껏 즐기렴."

지금 우리 상담소에는 인턴 한 명과 사회복지사 한 명이 근무하고 있다. 모든 콘텐츠와 프로그램은 내가 제공하고 있다. 내가 은퇴할 때까지 대표를 맡고 있는 사회복지사는 내가 만난 최고의 헌신자이다. 믿음이 깊고, 마음이 투명하며, 부지런한 사람이다. 내 마음을 누구보다 잘 이해해주는 애제자이자 작가이다. 12월에 내가 은퇴하고 나면 함께 메신저로 성장할 최고의 친구이다. 은퇴 이후의 삶은 취업을 준비하듯이 평소에 준비해야 한다는 말은 역시 맞는 말이다. 나는 그 말대로 15년 전부터 차근차근 은퇴 이후를 준비해 왔다.

주변에서 퇴직준비를 위해 목조주택, 조경, 경비 등의 돈벌이에 치중하거나 '어떻게든 되겠지.'하고 생활하던 동료들은 "벌써 은퇴라니, 어찌할 도리가 없군. 잘 견뎠어. 하지만 뭘 하고 살아야 할지는 잘 모르겠네. 하긴 사는 게 다 그런 거지 뭐. 어떻게든 되지 않겠어? 연금이라도 있으니까."하며 결국 연금에 자신의 준비 없는 후반기를 슬그머니 얹어놓으려 하고 있다. 자신의 나태함과 성실하지 못한 태도를 묵인하면서 현실을 합리화하는 전형적인 모습이다. 세상에 원인 없는 결과가 없듯 마음 없는 의지와 결단은 존재하지 않는다. 아울러 의지와 결단이 없는 행동 또한 없다. 하물며 내가 삶의 주인이 되지 못할 때 행복이란 것이 존재할까?

대부분의 사람들은 언제나 자기 외의 다른 곳에서 답을 찾으려 한다. 그리고 이렇게 말한다. "언젠가 시간이 되면 책이나 써봐야지.", "언젠가는 시골에 전원주택을 짓고 텃밭을 가꾸며 살 거야. 상추를 심고 친구들을 불러 삼겹살 파티를 해야지.", "나 홀로 여행을 해야지, 시간이 나면 말이야."

그들의 말들은 모두 자신이 행동하지 못하는 이유에 핑계를 대는 '어리석은 변명'에 불과하다. 막연한 '언젠가'와 '시간의 여유'는 내가 스스로 계획하고 만들기 전에는 저절로 찾아오지 않기 때문이다. 그러나 『5년 후 내가 나에게』를 써낸 공저자들은 이미 이 사실을 깨우친 것 같았다. 오늘 나는 그들의 생기 넘치는 눈빛을 보고 확인할 수 있었다.

오후 10시, 벅찬 하루가 저물어간다. 나는 특별한 일이 없는 한 9시부터는 온전히 나만을 위한 시간을 가지며 하루를 반추해 보고, 가급적 10시 전에는 잠자리에 들지만 오늘은 특별한 날이니 조금 더 나를 위한 시간을 가지려 한다.

이제 다시 '5년 후 내가 나에게'를 준비할 때가 온 것 같다. 5년 단위로 시작되는 우리의 글쓰기는 우리를 유명한 작가나, 부자로 만들어 주지는 않았지만 우리가 의식의 부자가 되었다는 사실만은 틀림이 없다. 하루를 마감하면서 느껴지는 이 설렘이 그것을 증명한다.

잠자리에 들기 전, 2021년 출간된 『5년 후 내가 나에게』 책을 펼쳐본다. 2026년 4월 24일 바로 오늘이다. "내 오늘 이럴 줄 알았어!"

5년 후 내가 나에게

흐름의 통로

    2021년 5월은 어느 때보다 청명했었다. 가을 같은 봄이 저물고 막 여름으로 진입하고 있었다. 2021년 4월, 50대 중반까지 내 마음속에 항상 맴돌았던 사진 한 장 '할미꽃 손사래'의 기억을 꺼내 쓰며 나는 그 사진을 마음속에서 떠나보냈다. 내 눈앞에서 그 모습은 세월의 강물에 휩쓸려 떠내려갔다. 내 삶의 에너지가 되었던 사진이었지만 수시로 밀려드는 그리움의 파도는 숨이 막히도록 견디기 힘들었다. 그 사진은 나를 '사람에 대한 따뜻한 시선'을 가진 상담사로, 작가로 성장하게 만들었지만 나를 단단하게 하지는 못했다.

    그리움 때문에 '진짜 나'는 나답지 못한 모습으로 오랜 세월을 보냈다. 더 그럴듯해 보이기 위해 타인을 의식하며 살았고, 더 외로워지지 않기 위해 안간힘을 쓰기도 했다. 사진을 떠나보내며 마음과 약속했다.

"이제 내 심장으로 들어와서 인생의 주인으로 살자." 그리고 그날, 그리움 뒤에 숨어서 늘 내 주위를 맴돌던 나약한 감정들을 함께 떠나보냈다. 그리고 마음에게 이렇게 당부했다. '이제 더 이상 나에게 이런 약한 감정들을 일으키지 않도록 해. 나는 내 인생의 주인이니까. 알겠지?' 그때 마음은 내 눈을 바라보며 크게 고개를 끄덕였다. 그때 마음의 눈에는 눈물이 글썽했다. 나를 이해해준 마음이 고마웠다.

그 이후로 마음은 나에게 그런 감정들을 일으키지 않았다. 어쩌다 가끔 후회나 궁상스러움이 밀려올라 치면 나는 즉시 엄중하게 경고했다. '이건 진짜 내 모습이 아니다. 그러니 도로 가져가라. 내 인생은 LIVE로 산다.' 마음이 고개를 들어 연민의 눈물이나 집착, 서운함 등의 감정을 들고 나설라 치면 나는 즉시 이렇게 말했다. '그건 내가 아니야, 이제는 모두 떠나보냈어. 나는 창조하고 나누는 사람이야!'

나는 『5년 후 내가 나에게』 공저 쓰기에 참여했던 친구들의 인생을 모두 돌아볼 수 있었다. 나이를 떠나서 모두 우정을 나누고 싶은 사람들이다. 친구들의 마음속 흑백사진을 보며 몇 번이나 울컥했었다. 어떤 책이 될까, 한편으론 걱정하기도 했지만 친구들의 마음을 하나, 둘 읽어 내려가며 어떤 책을 만드느냐 하는 것보다 '마음의 주인으로 우리가 어떤 변화를 선택할지' 그리고 '2026년에 우리는 어떤 나눔을 실천하며 어떻게 살아가고 있을지'가 더 중요하다고 생각했다. 친구들의 글이 조금씩 완성되어가는 것을 보면서 마음은 설레고 행복했다.

성공요건에 '돈, 명예, 권력, 집' 대신에 '나눌 것', '줄 것'을 준비한 친구들은 모두 한두 개씩 봉사할 곳을 구축해 두었다. 그래서 그런지 친구들은 모두 당당한 현역으로 각 분야에서 활발하게 활동하고 있다.

- 알 림 -

"5년 후, 내 이럴 줄 알았지" 행사에 귀하를 초대합니다.

▶ 장소·시간: MI 엠마오 커뮤니티 강연장, 오후 3시

▶ 행사내용: 나눔과 봉사를 실천하는 『5년 후 내가 나에게』 저자들의 북 콘서트

　　2026년 5월, "5년 후, 내 이럴 줄 알았지" 행사를 무사히 마쳤다. 한국강사교육진흥원의 메신저 중심으로 30명을 초대하였다. 모든 행사가 끝난 뒤에는 만찬을 들면서 그동안의 근황과 5년의 세월이 전해준 감동에 대하여 이야기꽃을 피웠다. 물론 강연장 앞에는 저자들이 출간한 책을 진열하고 즉석 판매 및 팬 사인회도 진행했다. 우리의 무대는 비록 화려하거나 성대하지 않을지라도 그 가치와 의미, 응집력과 진정성은 그 어느 강연무대보다 감동적이었을 것이다. 나눔과 봉사를 실천하며 겸손하게 '자신을 닦아 비추는 사람들'은 시간을 초월하여 영원히 존재한다는 사실을 행사를 통해서 확인했다. 올해 5월과 10월에 정해진 두

번의 공식적인 행사 중 하나를 마쳤으니 남은 10월의 행사까지 치루고 나면 나머지 일정은 친구들의 계획에 맞추어 만남을 이어나갈 것이다.

 2026년, 지금의 모습이 내 이럴 줄 알았다. 나는 언제나 '나답게' 살면서 겸손함과 자신감을 유지하려 하고 있다. 나는 지금 하고 있는 일을 30여 년 전부터 준비해 왔다. 그리고 5년 전부터는 그 노력이 열매를 맺어 누구도 넘볼 수 없는 나만의 독자적인 지점에 도달했다. 출발점은 낳아준 부모님이었고, 부모님은 나에게 유전적 요인을 제공하였지만 나머지 인생은 이리저리 부딪히고 깨어지면서 나 스스로 개척해 왔다.

 사는 게 힘들 때마다 나는 나를 괴롭히는 삶의 모순과 모서리들을 갈아내고 잘라내기 위해 기도하고, 땀 흘려 일하며 운동을 통해 이겨냈다. 그 과정에서 내 마음에 고이는 것들을 책에 담아내면서 '내가 할 수 있는 것과 할 수 없는 것'들을 찾아냈다. 할 수 있는 것들은 내가 지금 하고 있는 것, 이내 실천하는 것들이다. 내가 즐겁고, 공동체에 유익하고, 사람을 위로하며 새로운 것을 창조해 내는 일이다. 모든 것들이 지금 하고 있는 일과 톱니바퀴처럼 맞물려 내 삶을 균형 잡힌 모습으로 굴러가게 하고 있다. 내가 할 수 없는 것은 예측할 수 없는 불가항력적인 일들이다.

To. 소요(逍遙) 김영돈

 너 궁금하지? 어쩌면 2026년에 너는 나를 만나지 못할 수도 있을 거야. 그건 2026년 오늘 내가 이루어 낸 것만큼 네가 이루지 못해서는 아닐 거야. 삶은 늘 계획과 다르니까 말이야. 하지만 이것만은 분명해. 5년간 단 한 번도 내 '심장'을 남에게 맡기고 살지는 않았다는 사실! 나는 멈추지 않고 '줄 것'을 준비하며 '흐름의 통로'로 살고 있다는 거. 알지? 마음이 있으면 길이 생기고, 길이 있으면 언젠가는 반드시 만나게 된다는 거. 우리 만나면 폼 나는 파티를 열자. 수고한 '너의 마음'과 잘 살아준 '친구 8명의 마음'을 위하여!

내 인생의 흑백사진 한 장
통곡의 영접기도

5년 후 삶의 모습
주님의 나팔수

5년 후 오늘, 나의 하루
기도하며 씨앗을 뿌리는 리더

5년 후 내가 나에게
매 순간이 축복이다

김규연

- 예비역 육군 준장, 인사조직 박사과정 수료
- 리더십, 동기부여, 행복한 인간관계 전문 강사
- 주님의 나팔수로 자아성찰, 삶의 목적을 찾도록 도움으로써 내면의 변화를 돕는 일을 한다
- 저서: 공저 『고려대 명강사』

내 인생의 흑백사진 한 장

통곡의 영접기도

나는 22살에 허리디스크를 앓게 되었다. 1980년대 무렵에는 의학지식이 부족해서 디스크란 용어조차 생소했다. 외과적인 수술을 제외한 거의 모든 물리적 치료를 해봤으나 효과가 없었다. 결국 1년이란 시간을 병상에 누워 지내게 되었는데 그래도 호전되지 않아서 평생 동안 통증을 참으며 살아야 했다. 28살 때에는 부모님께서 불시에 교통사고로 세상을 떠나셨다. 정신적으로 온전히 성숙하지 못했던 나에게 부모님의 갑작스러운 사망은 엄청난 충격이었다. 삶에 대한 회의감과 허무함 속에서 헤어나기가 어려웠다. 그러나 7개월 후에 아들이 태어났고, 나는 가장으로 해야 할 역할에 충실해야 한다고 마음을 강하게 다잡았다. 직장에서 중간 관리자였던 30대에는 사람들 간의 관계에서 발생하는 갈등으로 인해 많은 어려움을 겪었다.

결국 조직문화에 대해서 실망하였고, 새로운 길을 찾기 위해 야간과 주말시간을 활용하여 대학원을 다녔다. 그러나 군인이라는 직업의 특성상 이동이 빈번했기 때문에 논문 작성을 포기할 수밖에 없었다. 40대 나이에 군대라는 조직에서 일반 사회로 이직을 한다는 것은 엄청난 모험이었으며, 4인 가족의 가장으로서 그런 결심을 하기에는 상황이 너무 어려웠다. 아내와 주위 사람들의 반대도 심했다. 디스크로 인한 육체적 고통과 군대문화에서 받는 스트레스, 빈번한 이사 등의 불안정한 생활은 내 몸에 맞지 않는 옷을 입은 것 같은 고역이었지만 참을 수밖에 없는 상황이었다.

아이들은 한두 학기마다 전학을 하다 보니 친한 친구들과 자주 헤어지는 고통을 겪었다. 전학하는 곳마다 교복과 교과서를 바꾸어야 했고, 그 지역의 다른 문화와 생소한 사투리로 인해 적응하기 힘들어했다. 나는 별다른 도움을 주지 못하면서 마음으로만 안타까워할 뿐이었다. 그러다 아들이 사춘기에 접어들면서부터 긴 방황을 시작하였다. 29년 전, 부모님의 갑작스러운 사망으로 인해 내가 절망에 빠졌을 때, 아들의 출생은 나에게 살아갈 이유가 되어주었다. 내 몸이 아프고, 힘든 상황에 놓여도 아이들을 위해서 이를 악물고 뛰어왔다.

그런데 그런 아들의 방황은 나의 방황으로 이어졌다. 억지로 누르며 참고 살아왔던 삶에 대한 허무감과 좌절감이 나날이 증폭되었다. 하루를 마치고 잠자리에 들 때면 영원히 잠들어 버렸으면 좋겠다는 생각에 빠지곤 했다. 버겁게 다가오는 삶의 무게를 지탱할 에너지가 소진되어갔다. 50세까지의 내 삶은 불행과 고통의 연속이었다. 보통사람들은 일생동안 겨우 몇 가지 정도의 고난을 겪는 것 같은데 내게는 고난의 종합선물세트가 주어진 것 같았다.

그러던 중에 친구를 통해 예수님에 대해 듣게 되었다. 처음 예수님을 영접하는 기도를 할 때 나도 모르게 회개의 눈물이 폭포수 같이 쏟아졌다. 마음속 깊은 곳에서 솟구쳐 올라오는 통곡은 내 삶에 대한 철저한 후회와 반성이었다. 부모님이 돌아가신 후 나는 이 세상에서 늘 혼자였다. 부모님의 사랑에 목말라서 때때로 남모르게 숨어서 눈물을 쏟곤 하였다. 나이가 들어도 마음속 깊은 곳에서 치밀어 오르는 고독감과 채워지지 않는 빈 가슴은 어쩔 수가 없었다. 그래서 더욱 간절하게 예수님께 의지하게 되었다. 처음으로 성경말씀을 접하면서 기적을 체험하였다. 불신자였고, 과학과 논리, 이성적인 사고를 가지고 살아온 나로서는 이해할 수 없는 일들을 체험하면서 당황하게 되었다.

지난 4년 6개월간 예수님과 성경을 알기 위해 매일 성경을 읽고 또 읽었다. 그 결과 비로소 나 자신이 누구인지, 무엇을 위해 살아야 하는지, 죽은 후에는 어디로 가는지에 대한 대답을 찾게 되었다. 예수님을 믿고 순종하겠다는 '통곡의 영접기도'는 내 가슴에 한 장의 사진처럼, 운명처럼 깊이 박혔다. 나는 이 통곡을 통하여 나 자신을 찾았고, 올바른 삶의 목적을 찾았다.

예수님을 영접한 이후 내 삶의 방황은 멈추기 시작했고, 하루하루 새롭게 살아가게 되었다. 고통의 세월을 보낸 나에게 하나님께서 손을 내

미신 것은 나처럼 방황하는 사람들에게 하나님을 영접하고, 자신의 정체성과 삶의 목적을 찾아갈 수 있도록 도우라는 사명을 주신 것임을 깨달았다.

나이 50세에 처음 접한 성경말씀은 요한복음 1장 1~3절이었다. "태초에 말씀이 있었다. 이 말씀이 하나님과 함께 계셨으니, 이 말씀이 곧 하나님이시니라." 성경말씀을 들으면서 내 몸에서는 심한 전율이 일어났다. 그리고 영접기도를 할 때와 같이 폭포수 같은 눈물이 쏟아져 나왔다. 한참 울고 났더니 잔잔한 평온이 찾아왔다. 늘 같은 일상이었지만 사람 한 명, 나무 한 그루, 풀 한 포기도 처음 보는 것처럼 깊은 관심이 생겼고, 사랑스러워 보였다. 펼쳐지는 모든 상황들이 은혜로웠고 감사한 마음이 솟아났다.

나는 영접기도와 성경말씀을 처음 접하면서 체험한 일들을 이해하기 어려웠다. '도대체 이것이 무슨 현상인가? 성경이 무엇이기에 이러한 일들이 발생하는 것인가?' 그래서 예수님과 성경에 대해서 제대로 알아야겠다는 생각이 들었다. 그때부터 시간이 날 때마다 성경을 읽기 시작하였다. 근무시간이나 사람을 만나는 시간, 잠을 자는 시간을 제외한 나머지 시간은 오직 성경 읽기에 몰두했다. 마치 발명가가 밥만 먹고 나면 자신의 발명 창고로 쏜살같이 달려가 발명에 골몰하는 모습과 같았다.

성경을 읽기 시작한 지 1년이 지나면서 이제까지 방황하며 알지 못하였던 삶의 목적과 관련된 문제들에 대한 답을 깨닫게 되었다. 그것은 다음과 같다.

첫째, 인간은 누구나가 사명을 갖고 태어난다. 창조주께서는 각자에게 사명을 주셨고, 그 사명을 달성하는 데 필요한 재능도 주셨다. 그래서 인간은 누구나 자신의 사명을 찾아야 한다. 자신의 사명을 찾고, 그 사명을 이루어 가는 것이 삶의 목적인 것이다.

둘째, 탐욕과 이기심은 자신을 망친다. 뿐만 아니라 가정과 사회, 국가에까지 해를 입힌다. 자기 자신을 사랑하듯이 타인도 사랑하면 그 사랑은 점점 확대됨으로써 가정과 사회, 국가, 그리고 이 세상을 행복으로 넘치게 만들 것이다.

셋째, 인간은 진리를 찾고 그 속에서 살아야 한다. 천지만물에는 운영되어가는 원칙 즉 섭리가 있다. 그 섭리를 지킬 때 행복과 번영을 누릴 수 있게 된다. 창조주는 인간에게만 유일하게 진리를 찾고자 하는 마음을 주셨다. 이것이 바로 창조주가 인간으로 하여금 진리와 섭리 안에서 이 세상을 지배하고 번영시키라는 역할을 부여했다는 증거라고 생각한다.

넷째, 인간은 영적 존재로서 성장해야 한다. 대부분은 영적인 것을 모르고 혼과 육적인 차원에서 살아간다. 그래서 많은 지식과 경험을 쌓아도 내면의 깊은 공간을 채우지 못해 목말라 한다. 육체적 쾌락과 물질적 풍요, 사회적 지위를 아무리 가져도 마음에는 만족함이 없다. 오직 영의 충만이 있어야 비로소 내면의 평안함과 충만함, 행복감이 유지된다.

다섯째, 인간의 육신은 끝이 있다. 그러나 영혼은 영원한 존재이다. 따라서 죽음은 영원히 사는 영혼이 수명의 한계에 이른 육체에서 이탈

하여 원래 생성된 곳으로 돌아가는 것이다. 실제로 의학적인 사망 판단을 받은 후 다시 소생한 사람들의 사례가 많은데, 종교와 문화적인 차이가 있음에도 불구하고 그들의 이야기들은 거의 공통적인 내용들을 담고 있다.

지금까지 성경을 읽고 또 읽으며 살고 있다. 반복해서 읽을수록 새로운 사항들을 깨닫게 된다. 그래서 더욱 성경 읽기를 멈추지 못한다. 이러한 과정에서 알게 된 나의 사명은 사람들로 하여금 자신이 누구인지 정체성을 찾도록 도움을 주는 것이다. 물질적인 부요함과 사회적인 지위 등은 한낱 물거품 같은 것이다. 정말로 변하지 않는 것, 그리고 추구해야 하는 것은 나의 사명을 찾고, 그 사명을 이루어 나가는 것이다.

나의 가장 큰 행복은 사람들에게 내가 영접하고 믿는 주의 진리와 삶의 목적에 대해서 나의 경험을 이야기하는 것이다. 그래서 내가 만나는 사람들이 주님을 마음으로 만나고 그 진리를 깨달을 수 있다면 나는 더할 나위 없이 행복할 것이다. 이는 내 삶의 목적이자 존재의 가치를 이루는 것이기 때문이다.

나는 종교에 대해서 매우 부정적인 견해를 갖고 살았다. 사관학교 재학 시에는 일요일이면 반드시 하나의 종교집회에 참가해야 했는데 나는 참가하지 않고 내무실에서 책을 읽었다. 그러다가 당직근무를 하는 상급생도에게 적발되어 얼차려를 받곤 했다.

일부 동기생들은 선호하는 간식에 따라 참가할 곳을 정하기도 하였다. 그럴 때면 햄버거 하나에 자신을 파느냐며 장난 섞인 핀잔을 주곤 했다. 그랬던 나를 아는 지인들은 갑자기 변한 나의 모습을 어리둥절하고 신기하게 바라본다. 그러나 나는 여전히 종교인은 아니다. 사람들의 사고방식으로 만든 의식과 교리를 믿지 않는다. 이 세상을 창조하시고 주관하시며, 매 순간마다 함께 하시는 창조주, 내게 구원의 따스한 손길을 펴시고 다시는 빗나가지 않고 올바른 길을 가도록 안내해 주시는 하나님을 믿으며, 그분의 말씀인 성경에 순종할 뿐이다.

   나는 통곡의 영접기도를 통해 영혼의 눈을 떴다. 인간은 자신의 힘으로 창조주의 영적 권능을 깨달을 수 없다. 그래서 은혜이고 은총인 것이다. 눈이 없는 지렁이가 이 세상을 볼 수 없듯이 영적 기능이 마비된 상태에서는 세상을 바로 인식할 수가 없다는 사실도 알게 되었다. 많은 사람들은 예측할 수 없는 미래의 일을 다른 사람이나 대상들에게 의지하려 한다. 그러나 영적으로 깨어있지 않은 상태에서 세상에서 답을 찾는 일은 끝없는 방황과 시련뿐이라는 사실을 나는 영적 경험을 통해서 알게 되었다.

   주님을 영접하면서 내 생각과 가치관, 삶의 목적은 완전히 바뀌었다. 이것을 깨닫도록 지혜를 주신 하나님의 은혜에 오직 감사드릴 뿐이다. 통곡의 영접기도 덕분에 나는 방황을 멈추었다. 나를 돌아보고 성찰하며 성장하기 시작했다. 돌아보면 시련의 연속이었던 인생의 전반기였다. 그러나 "총량의 법칙"이라는 말이 있듯 내 시련의 공은 이제 여기서 멈출 것이다. 나에게는 내 인생의 주인공으로 살아가야 할 이유, 목적, 사명이 생겼다. 이제 나는 거침없이 질주할 것이다. 나의 정체성을 찾도록 인도해 주신 하나님께 감사를 드린다. 이제는 이 감사함과 행복을 주위의 모든 사람과도 함께 누리려고 한다. 나는 앞으로 자아의 감옥에 갇혀 방황하고 고통 받는 사람들이 마음의 눈을 열도록 도울 것이다.

5년 후 삶의 모습

주님의 나팔수

　　내 나이는 축구 경기로 치면 후반전 15분이다. 나는 리더십 전문가로서 강의와 코칭, 리더십 프로그램 개발 및 캠프를 운영하고 있다. 또한 하나님께 받은 기적 같은 축복을 세상에 전하는 메신저로 살고 있다. 나는 인생의 전반기 32년 동안 군대조직에서 근무하였다. 군대라는 특성상 많은 불합리한 일들을 감내해야 했다. 때로는 개인을 존중해 주어야 하는 상황에서조차 조직을 우선해야 한다는 명목으로 희생을 강요당하는 경우가 빈번하였다. 많은 고난 속에서 가중되는 스트레스로 인하여, 그 상황들을 모면하려고 여러 가지 방안을 모색하곤 하였다. 여건이 아주 열악한 지역들로 연속해서 배정되었을 때는 '나는 참으로 운이 없다'고 한탄하며 스스로에 대한 자조적인 절망감을 갖기도 했다. 뒤돌아보면 눈물로 점철된 고통의 시간이었다. 그러나 그런 고난을 겪었기 때문에, 리더의 중요성에 대해 절실히 느끼게 되었다. 진정한 리더가 없는 조직은 쇠퇴하고, 그러한 국가는 멸망의 길을 걷는다는 것도 체득하였다.

오늘날 사회는 더욱 세분화되고 전문화되면서 이익집단 간의 갈등이 증폭되고 있다. 눈부신 과학기술의 발전으로 변화의 속도가 급속히 빨라짐으로써 경쟁은 더욱 치열해졌다. 인간의 노동력이 로봇과 기계로 대치되면서, 인간의 가치와 존엄성은 평가절하되고 있다. 따라서 그 어느 때보다도 진정한 리더의 사명감과 역할, 능력이 더욱 절실하게 필요해졌다.

우리는 원하지 않더라도 모두가 리더이고, 특히 미래의 리더들이다. 안타깝게도 대부분의 사람들은 자신이 리더로 성장해야 한다는 인식을 하지 못한다. 그래서 어느 날 리더가 되었을 때, 준비가 되지 않았기 때문에 그 역할을 제대로 수행하지 못한다. 성과와 결과 위주의 관습적인 환경에서 근무해 온 관리자들은 아랫사람들에 대한 존중과 배려가 미흡하여 리더로서의 한계상황에 직면하였다. 특히 신입사원들은 대인관계에 익숙하지 못한 채 시작된 직장생활에서 유연하지 못한 위계질서와 일방적인 의사소통 문제로 많은 스트레스를 받고 있다. 그래서 나는 이들을 대상으로 감수성 훈련 등을 통해 서로 존중하고 소통하는 능력을 갖도록 도와주는 보람 있는 일을 수행하며 긍지를 갖고 살아가고 있다.

군대에서 함께 근무하는 동안 인연을 맺었던 후배들이 매월 나를 방문하고 있다. 나는 이들이 직면하는 어려움들에 대해서 코칭을 하고, 부대원들을 대상으로 인성교육을 실시한다. 자유분방하게 지냈던 젊은이들은 군 입대 후에 통제적이고 획일적인 문화에 쉽게 적응하지 못하고 소극적인 태도로 시간을 소모하고 있다. 따라서 그들에게 자신이 주체가 되어 적극적이고 능동적으로 시간을 생산적으로 활용하고, 동료들과 긴밀한 우정을 나눔으로써 인생의 동반관계를 구축하도록 마음을 일깨워 준다. 특히 군대이기 때문에 배울 수 있는 인내와 절제력 향상, 조직심리 및 팀 구축, 다양한 사람들 간의 만남을 통한 폭넓고 개방적인 사고의 중요성을 깨닫도록 교육한다.

또한 나는 2곳의 고아원을 후원하고, 매월 2회 방문하고 있다. 그 아이들이 비록 부모의 사랑을 받지는 못했지만, 우리 영혼의 아버지이신 하나님이 항상 함께하신다는 믿음 속에서 자라나도록 돕는다. 그리고 사람들 간에 사랑을 주고받으며, 선한 영향력을 행사함으로써, 세상을 행복한 곳으로 만들어가는 데 기여하는 삶을 살아가도록 지도한다.

그리고 5년 전에 공저 쓰기를 시작한 작가님들과 매년 공저 쓰기를 하고, 정기적인 출판 기념행사와 워크숍에 참여하여 사회에 기여할 부분을 찾고 있다. 개인적으로는 리더십과 관련된 책을 연 1권 집필하고, 의식개혁과 마음 수양을 위한 단체에 참가하여 사회발전에 기여하고자 한다.

건강을 위해서는 매일 30분씩 달리기를 한다. 주말에는 테니스와 골프를 하면서 운동과 병행하여 인생의 동반자들과 우정을 다지고 있다.

격주로 금요일에는 등산클럽 모임에 참가하여 전국의 명산들을 오른다.

삶은 곧 여행이다. 전국에 흩어진 친구들과 만나기 위한 스케줄이 일정표에 가득 찼다. 봄을 알리는 전령을 맞이하기 위하여 3월에는 제주도와 남해안을 일주할 것이다. 여름에는 태백산맥의 웅장한 위용을 감상하러 강원도의 첩첩산중을 찾을 것이다. 20년 전 군대에서 당직근무를 서던 날 아침, 사무실의 열린 문틈으로 살며시 들어왔던 다람쥐의 귀여움이 기억에 또렷하다. 볼 때마다 여전히 탄성을 자아내게 하는 가을의 단풍을 찾아 설악산과 내장산을 찾아 갈 것이다. 겨울에는 유럽과 동남아를 찾아서 다양한 문화체험을 할 것이다.

신앙적인 면에서는, 교회에서 청년부와 장년부의 성경공부반을 인도하고 있다. 나는 하나님을 영접함과 동시에 20년간 지내오던 조상들에 대한 제사와 술을 끊었다. 그리고 다음날 새벽 묵상 기도 중에, 30년간 시달려오던 허리디스크와 목 디스크를 치유받았다. 그 후에도 심한 식중독과 치질에서도 치유되었다. 하나님이 내게 주신 축복들이 많았으므로 하나님의 실존을 느끼고 싶어 하는 사람들이나 교회들을 방문해서 간증을 하기도 한다. 이 시간에 성령님의 은혜로 각종 질병으로부터 고통받던 성도들이 치유되기도 하고, 여러 성도들이 성령 세례를 받아 영적 지혜를 깨닫게 되기도 한다. 그 결과 그들이 육신의 욕망과 세상의 탐욕에서 벗어나 진리를 추구하는 삶의 태도로 완전히 전환하는 것을 보면서 하나님의 은혜와 축복에 감사와 찬양을 드리게 된다.

나는 50년 동안 물질적인 풍요와 사회적인 지위를 얻기 위해 질풍처럼 달렸다. 그 과정은 계속되는 좌절을 겪어야 했던 어둠의 시간이었다. 그러나 10년 전, 하나님을 영접한 후로 다시 태어난 나의 인생은 사명을 이루어가는 행복한 여행이다. 나는 만나는 모든 사람들로 하여금 자신의 정체성을 찾고, 올바른 삶의 목적을 설정하도록 돕는 안내자로서의 삶을 살아가고 있다.

나는 눈으로 보는 세상이 전부라고 생각하고 살았다. 그때그때 느끼는 감정과 생각이 나의 마음인 줄 알았다. 그런데 눈에 보이는 것은 영적 세계의 그림자이고, 빙산의 일각임을 깨달았다. 그때그때 느껴지는 것은 단지 감각과 사고일 뿐이고, 내 마음은 감각과 사고를 지배하는 실제 주인이 되어야 한다는 것을 알았다. 나는 날마다 학습하며, 성장하고 있다. 배움에는 끝이 없다. 만나는 모든 사람들에게서 배울 것이 있음을 절감한다. 누구든 어떤 면에서는 다른 사람보다 앞서는 것이 있다. 그의 장점들을 배우고, 이웃과 협력해서 선한 사회를 만들어가야 한다. 나의 삶은 나 혼자만을 위한 것이 아니다. 나 없이 이웃이 없듯이, 이웃이 없는 나도 있을 수 없다.

하나님을 만나고부터 한때 이웃을 미워하고 세상을 원망하던 마음 대신 사랑하고 감사하는 태도로 변하게 되었다. 짜증과 스트레스로 찌들었던 표정들은 기쁨과 평화로운 얼굴로 변하였다. 내가 받은 은혜는 값없이 거저 받은 것이니 사랑으로 이웃에게 값없이 나누어 주어야 한다. 내가 가진 것들은 잠깐 동안 위탁받은 것들이니, 더 잘 가꾸어서 다음세대에게 전해주어야 한다. 세상에 선한 영향력을 전하며 살아가는 사람이 되도록 지혜를 넘치게 부어주시기를 기도드린다. 나는 하나님께 받은 은혜와 축복을 이웃에게 나누며 선한 영향력을 미치는 주님의 나팔수가 되기 위한 목표를 향해서 남은 생애 동안 계속 달려갈 것이다.

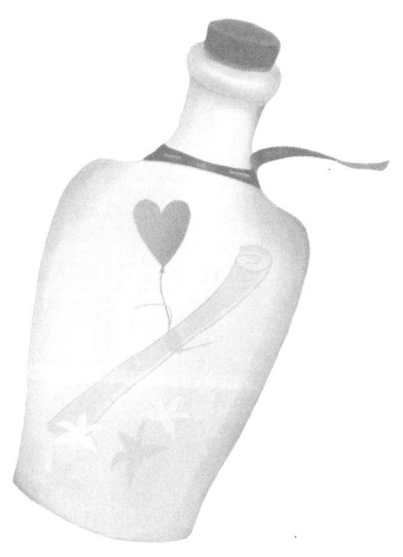

5년 후 오늘, 나의 하루

기도하며 씨앗을 뿌리는 리더

2026년 4월 24일

　따사로운 봄 햇살이 가득한 호숫가에서 자유롭게 산책을 하는 꿈을 꾸다가 잠에서 깼다. 방 안에는 잔잔한 평온과 행복감이 가득하다. 오늘 하루도 축복된 삶을 선물로 주신 하나님께 감사의 기도를 드린다. 지나온 삶의 여정들이 마치 하룻밤의 꿈인 듯하다. 내가 주인인 줄 알고 살았던 50년은 악몽이었다. 그러나 최근 10년은 하나님의 은총 안에서 마냥 행복한 시간을 보내고 있다.

　아무것도 가진 것은 없지만, 예수 그리스도를 알았다는 것만으로도 나는 모든 것을 가진 듯 마음이 풍요롭다. 영적인 방황과 고통 속에 빠져있는 나를 구원해주신 예수님의 은혜를 생각하며 감사 찬양과 기도를 드릴 때 성령께서 영혼과 육신에 생명을 부어주심으로 나는 오늘 하루를 살아갈 새 힘과 평안함을 얻는다. 오늘 하루도 성령님의 인도하심에 순종하며 달려갈 것을 다짐한다.

오전 10시, "리더가 답해야 할 5가지 질문"이라는 주제로 기업체 강연을 간다. 우리는 모두 리더이다. 자신에게도, 가정과 직장, 사회의 구성원 간에도 서로 영향력을 행사하는 리더이다. 그러나 진정한 리더는 찾아보기 힘들다. 리더의 자세와 역할에 대한 진지한 성찰의 노력이 부족하기 때문에 성숙한 리더가 되지 못하는 것이다. 우리는 보통 어떤 지위에 있는 사람을 리더라고 부른다. 그렇게 리더가 된 사람들 중에는 리더라는 자격에만 자부심을 느낄 뿐 올바른 리더의 역할을 제대로 수행하지 못하는 경우가 많다. 그런 리더의 위선과 탐욕, 잘못된 판단 등으로 인해 야기된 문제들을 보면서 우리는 애통해하며 배신감을 느끼게 되고, 그런 리더를 가진 조직은 발전하지 못하고 퇴보하게 된다.

이러한 악순환을 극복하기 위해서는 나부터 리더로서의 역량을 키우고 주위의 사람들을 리더로 만들기 위하여 노력해야 한다. 타인을 사랑으로 섬기며, 나의 이익 못지않게 타인과 조직의 이익을 달성하기 위하여 헌신해야 한다. 올바른 리더가 되기 위해서 가장 기본이 되는 것은 '인격'이다. 인격은 오로지 내가 가꾸어 나가야 한다. 나만이 선택할 수 있다. 내가 변해야 함에도 변하지 않으면서 우리는 세상을 변하게 하려고 한다.

강한 신념과 뜨거운 열정을 가득 담아 내 생의 마지막 강의처럼 간절하게 메시지를 전한다. 일부 청중의 진지한 눈빛에서 몰입하고 있음을 느낄 수 있었다. 모든 청중들이 자신의 사명을 깨닫도록 지혜를 주시고, 각자의 잠재력을 성장시켜서 항상 기쁨과 행복 속에 살아가도록 인도해 주시기를 마음속으로 기도드리며, 강의를 마친다.

오후 2시, 경기도 외곽에 있는 〈소망고아원〉을 방문한다. 천진난만한 눈망울의 아이들을 보는 이 시간은 그 무엇과도 비교할 수 없는 행복한 시간이다. 아이들에게 동화책을 읽어주거나, 공놀이를 하면서 함께 시간을 보낸다. 단체 운동을 통해서 평소 거리감을 느끼던 아이들 간에 친밀한 관계가 생기는 것을 보니 마음이 흐뭇해진다.

이곳에 있는 아이들은 한창 부모님의 품에서 사랑받으며 해맑게 뛰어놀아야 할 시기에 외로움의 상처를 갖고 있다. 그러나 그런 중에도 웃음을 잃지 않는 아이들, 그 아이들이 세상에서 올바른 리더로 우뚝 설 수 있도록 돕는 것이 나의 사명 중의 하나라고 생각한다.

나는 아내와 동갑으로 26살에 결혼해서 성숙하지 못한 채 부모가 되었다. 그랬기에 시행착오가 많았고, 올바른 가정교육을 하지 못해서 우리 아이들에게 많은 상처를 주었다. 그래서 아이들에게 늘 미안한 마음을 금할 수가 없다. 지금도 많은 부부들이 직장생활이 바빠서 또는 시간이 부족해서 또는 성숙하지 못한 채로 부모가 됨으로써 소중한 자녀들의 가정교육에 소홀하지는 않을까 염려가 된다.

저녁에는 고등학교 동창생들 모임이 있다. 거의 대부분이 은퇴하여 제2의 인생을 찾는다고 분주하다. 남들에게 부러움을 가장 많이 받는 한 친구는 아직도 할 일이 많고, 자신이 없으면 회사가 잘 안 돌아갈 것이라고 큰 소리를 친다. 빈손으로 왔다가 빈손으로 가는 것이 인생인데 가지고 싶은 것이 아직도 많은 모양이다. 다른 두 친구들은 퇴직 후 상실감과 허무감에 젖어있는 것 같았다. 무엇인가 하긴 해야 하는데 할 수 있는 것이 없다고 걱정을 하고 있다. 친구들 대부분의 관심사항은 역시 '할 일 찾기'인 것 같다. 나는 주차장으로 가서 차 트렁크 속에 넣고 다니던 성경책을 몇 권 꺼내왔다.

"친구들아, 책 읽을 시간 있지? 속는 셈치고 매일 10페이지씩 성경 읽기를 해보지 않겠니? 일독하고 나서도 할 일을 못 찾으면 내가 거나하게 밥 살 테니 시작해보자. 난 10년 전에 성경을 읽다가 내 할 일을 찾았다. 내 할 일을 찾고 났더니 인생의 허무함, 방황 이 모든 것이 끝났어. 너희들도 꼭 그렇게 될 거라고 나는 확신한다."

친구들에게 선물로 성경책을 한 권씩 나눠주고 기도를 하면서 집으로 돌아온다.

"하나님, 하나님께서 알게 해주시지 않으면 저희는 아무것도 알 수가 없습니다. 저희들에게 지혜와 총명함을 주셔서 하나님의 뜻을 알게 하소서. 하나님이 기뻐하시는 선한 열매를 맺게 하소서. 이 세상의 물거품 같은 것을 쫓아가지 않고, 영원한 진리요, 생명이신 하나님 말씀 안에서 서로 사랑하게 하소서."

집에 도착하니 어느새 밤 10시다. 컴퓨터를 켜고 e-메일을 확인해 보니 새로운 메일이 몇 개 있다. 6년 전 전도했던 후배가 자신의 친한 동료를 예수님께 영접시켰다는 반가운 소식이다. 또 하나는 공저 출판을 통해 평생 친구가 된 분이 단독으로 두 번째 책을 출판했다는 기쁜 소식이다. 예전에 전속부관으로 근무했던 전우가 소령으로 진급하였다는 좋은 소식도 있다.

"딩동" 알람 소리에 휴대폰을 보니, 문자가 여러 개 와있다. 오전에 강의를 들었던 청중 중 몇 사람이 개인적으로 상담을 요청하는 내용이다. 역시 자신의 사명을 찾기 위해 목마른 사람들이 있었다. 나의 도움이 필요하다는 사람들이 있음에 감사하다. 나 자신을 위해서만 살던 인생이었는데, 타인을 위해 도움을 줄 수 있는 사람으로 성장시켜주신 하나님께 영광을 올려드린다.

매우 바쁜 하루였다. 그래도 희망의 에너지로 충만하였고 행복으로 가슴 벅찬 하루였다. 일기장을 편다. 하나님이 주신 평강으로 하루를 시작하였고, 열정과 기쁨과 감사함으로 지낸 하루를 마무리한다. 오늘 하루도 성령님이 인도하시는 곳으로 사람들의 영혼을 일깨우고자 나아갔다. 갈증에 목말라하는 사람을 만났고, 그들 마음에 조그마한 씨앗을 하나씩 뿌렸다. 그 씨앗은 장대한 나무가 되어 그늘이 절실하게 필요한 또 다른 누군가에게 안식을 누릴 수 있게 해줄 것이다.

5년 후 내가 나에게
매순간이 축복이다

      운명은 누구도 알 수 없다고 하였던가? 2026년, 나는 5년의 나이가 더 들었지만 내 마음은 더 풍요롭고 평온하다. 어찌 짐작이나 했겠는가, 내 인생에 이런 날이 올 줄을.
      사람은 누구나 고난이 없는 인생을 꿈꾼다. 행복이란 모든 것이 완벽하게 갖추어지고, 전혀 부족함이 없는 것이라고 생각하곤 한다. 그래서 온갖 장밋빛 그림을 그려놓고, 결코 채워질 수 없는 것에 대해 과한 욕심을 부리고, 조금이라도 마음에 들지 않는 것이 있으면 우울해 하고 불평을 한다. 그러다 보니 늘 부족한 삶이라 생각하고 이미 가진 것, 채워진 것을 보지 못한다. 그래서 절실하게 도움이 필요한 이웃의 안타까운 모습을 볼 수 있는 눈도 가려지는 것이다. 나 역시 인생의 전반부는 그렇게 살았다. 내 인생의 흑백사진을 발견하기 전까지는 말이다. 그러나

한 장의 흑백사진 덕분에 이제는 사소한 모든 것에 감사할 줄 알게 되었다. 분에 넘치는 것들을 잡으려고 쫓아가지 않고, 주어지는 것에 감사하며, 내가 가진 것을 필요로 하는 사람에게 보태어 주기 위해 살아간다.

사람은 세상을 번영시키고 발전시킬 존재로 만들어졌다. 그런데 망가진 거울에 비추인 잘못된 자신을 보면서 진실에서 멀어진 세계로 가고 있는 것 같다. 망가진 거울임을 인식하도록 조언을 하고, 망가진 거울을 고치자고 설득을 하는 것, 그리고 동참하는 사람들을 도와서 함께 삶의 여행을 하는 것이 흑백사진을 통해 본 내 삶의 목적이자, 내가 추구하는 행복이다.

나의 하루는 평화롭고, 활기가 넘친다. 세상을 살맛이 나는 곳으로 만들고자 애쓰는 동지들이 늘 함께하기 때문이다. 5년 전 퇴직한 직후에 우연히 알게 된 공저쓰기에 깊은 생각도 하지 않은 채, 용기 있게 참여하였다. 그리고 공저에 참여한 분들과 평생의 친구가 되었다. 그 당시에 작성했던 '5년 후 내가 나에게' 보낸 편지대로 내 삶은 이루어졌다. 게으름과 무계획으로 지내던 삶을 떨쳐내고, 내가 진정한 주인이 되어 하루하루 나 자신을 성찰하며 꾸준히 걸어온 결과이다. 그래서 무모하지만 용감하게 도전하였던 5년 전의 나에게 격려와 칭찬의 편지를 쓴다. 현실에 안주하거나 타협하지 않고, 변화하려는 자세로 도전을 한 내 자신이 자랑스럽다.

내가 하고 싶은 일은 하나님의 뜻대로 순종하며 사는 것이다. 내가 마지막 숨을 거두는 날까지 해야 할 일이기에 나는 죽는 순간까지 일을 하는 현역이다. 내가 하고자 하는 일은 내 일이 아니다. 세상을 만드신 분의 목표이고, 난 그분의 계획대로 그분의 일을 위임받아 수행하는 것이다. 이러한 삶의 지혜는 성경을 반복해서 읽으면서 깨달은 것이다. 성경은 살아가는데 필요한 삶의 지혜와 통찰력을 주었다. 그래서 5년째 매일 성경을 읽고 있고, 이 시간은 나의 하루 중에서 제일 행복한 시간이자, 삶의 에너지를 충전 받는 시간이다.

나는 두 번의 위기로 인하여 이 편지를 작성하지 못 할 뻔하였다. 한때 삶을 포기하려 했던 적이 있었고, 어느 정도 내 삶이 좋아지기 시작하였을 때는 교만함에 빠져 학습을 지속하지 않고 그만 둔 위기도 있었으니까.

2016년에는 순탄하지 않은 삶에 대한 고뇌로 자살의 충동이 생겨나고 있었다. 첫 번째 위기는 허리와 목 디스크가 심해져서 매일 고통에 시달리고, 아들이 사춘기 때부터 8년째 방황을 계속하고 있을 때였다.

아들의 방황은 내 삶의 목표를 흔들었다. 그 때문에 아내와의 갈등도 계속되었고, 두 자녀의 대학진학으로 인하여 은행대출금은 매년 증가하였다. 아이들은 의과대학에 진학하기를 희망하였는데 경제적인 지원이 어려운 상황이라 경영학과를 선택하도록 설득하였다. 결국 아이들의 꿈을 꺾어버린 것이었다. 그때처럼 내 자신에게 자괴감을 느낀 적은 없었다. 퇴직 후의 경제활동도 낙관할 수 없었다. 결국, 평생을 경제적 빈곤과 사랑이 메마른 관계 속에서 살아가야 하는 비관적인 미래의 내 모습이 상상되면서 좌절감은 더해갔다. 어느 날부터 나쁜 생각들이 들기 시작했다. 만약 사고가 나서 보상을 받는다면, 현재의 은행 대출금을 갚고, 아이들이 원하는 의과대학 진학도 충분히 지원할 수 있을 것 같았다.

"어차피 4년 후면 퇴직을 하고, 10년 내지 20년 후에는 마칠 인생이다. 퇴직 후 내 삶이라고는 더 나아질 것도 없다. 퇴직으로 내가 할 일이 끝나고, 아이들이 취업하면 더 이상 경제적 지원을 하는 역할도 없어지는데 정신적, 육체적 고통 속에서 이렇게 아등바등 살아갈 이유가 있을까? 차라리 조금 더 일찍 생을 마치고, 아이들에게 그동안 해주지 못한 경제적 지원이라도 더 해주는 것이 나을 것 같다. 이제 이 지긋지긋한 고통으로부터 떠나고 싶다."

그때는 이런 잘못된 생각에 빠져 있었다.

두 번째의 위기는 2020년에 하나님의 은총으로 육체적 치유를 받고, 영적 존재들을 대적할 만한 믿음을 가졌을 때였다. 제법 성경지식도 갖게 되고 보니, 예전의 간절함과 갈급함이 식어 '이만하면 되었지. 좀 편하게 살자'는 이기심과 교만이 찾아왔던 것이다.

만약 이 유혹들과 타협했더라면, 나는 더 발전하기 위해 도전하지 않았을 것이다. 사회에 더 보탬이 되는 삶을 살기 위한 노력도 열심히 하지 않았을 것이다. 그랬다면 아마도 지금의 이 편지를 쓸 기회를 갖지 못하였을 것이다. 좌절과 교만의 유혹 앞에서 타협하지 않도록 각성할 마음을 주신 하나님께 감사를 드린다.

지나온 내 삶을 뒤돌아보니, 한때 나의 주인은 진정한 내가 아니었다.

학교에 다니면서 주입되었던 지식들, 주변으로부터 명시적 또는 묵시적으로 요구되었던 기대들, 제한적인 경험들을 통해 축적된 생각들이 어우러져 나만의 철학과 신념, 세상을 만들었던 것이다. 때로는 순간적인 감정들이 그 위에 군림하며, 나를 이리저리로 이끌고 있었다. 내가 주인으로 여겼던 것은 결국 나의 편견이고 왜곡된 감정이었다.

내 인생의 흑백사진을 통하여, 그리고 그 흑백사진을 깊게 들여다보는 공저과정을 통하여 비로소 진정한 나의 주인이 생명을 얻었고, 힘을 발휘하게 되었다. 그 시작은 바로 5년 전의 나 자신이었다. 내가 마음의 노예에서 마음의 주인으로 탈바꿈함으로써 모든 것이 변하였다. 사실상 변한 것은 다름 아닌 내 마음뿐이었다. 내가 썼던 안경을 바꾸어 쓰고, 세상을 보고 있을 뿐이었다.

노자는 "남을 아는 사람은 지혜 있는 사람이지만, 자기를 아는 사람은 깨달은 사람이며, 남을 이기는 사람은 힘이 있는 사람이지만, 자기 스스로를 이기는 사람은 진정 강한 사람이다"라고 하였다. 맞는 말이라고 받아들이면서도 내 삶에 실천은 하지 못했다. 그러나 이제는 내가 하루를 살아가는 데 있어서 든든한 기준이 되었다.

5년 전 2021년에는 코로나19가 기승을 부렸다. 그때 나의 마음은 '통곡의 영접기도' 사진을 거울처럼 보며 깊은 성찰을 시작했다. 보지 못하던 많은 것들이 보이고 느껴졌다. 나는 5년만큼 성숙하고 익어갔다. 나는 '줄 것', '기도할 것'이 날로 풍성해지는 사람으로 살아가고 있다.

김규연, 힘내라! 너에게는 주님이 계시고 너를 응원해주는 또 하나의 내가 있다. 너도 이미 알고 있지? 인생은 매 순간이 축복이란 것을. 너에게 나를 보낸다!

내 인생의 흑백사진 한 장
엄마의 돈 봉투

5년 후 삶의 모습
나눔의 아이콘

5년 후 오늘, 나의 하루
새로운 미션

5년 후 내가 나에게
견디는 삶에서 누리는 삶으로

김순복

- 한국강사교육진흥원장, 상담학 박사, 가천대명강사최고위과정 책임교수
- 오산대 외래교수, 에듀업원격평생교육원 운영교수, 사) 한국청소년지도학회센터장
  사)한국강사협회 상임이사 등을 역임하고 있다. 강연 메신저로 성공하는 강의 운영전략
  공문서 & 보고서 작성법, 프레젠테이션, 조직 활성화를 위해 일하고 있다
- 저서: 『벼랑 끝 활주로』 외 다수

내 인생의 흑백사진 한 장

엄마의 돈 봉투

　　　엄마가 보내준 반찬들 사이에 끼워져 있던 작은 돈 봉투의 사진, 그 한 장의 사진 덕분에 나는 오늘날까지 버틸 수 있었다.

　딸이 급성 백혈병으로 골수이식수술을 했던 이듬해 어느 주말이었다. 엄마로부터 반찬을 만들어놓았다는 연락을 받고 남편이 대신 반찬을 가지러 다녀왔다. 남편이 받아온 커다란 보따리 안에는 엄마표 사랑이 가득 담긴 맛있어 보이는 반찬들이 봉지봉지 가득 들어있었다. 그런데 음식이 전부가 아니었다. 반찬통들 사이로 돌돌 말려 고무줄로 묶이고 비닐에 싸여 있던 누런 색 물체, 그것은 바로 오만 원 권 열 장이었다. 그냥 주면 받지 않을 것을 아시고 음식과 함께 돈 봉투를 몰래 숨겨 넣어 보낸 것이었다. 남편이 그 돈 봉투를 펼쳐놓고 내게 사진을 찍어 보내주었던 것이다. 그 사진을 보는 순간 눈물이 왈칵 쏟아졌다.

'아, 엄마…'

엄마가 어떻게 사시는지 아는데, 50만 원이면 엄마가 한 푼 두 푼 아끼며 힘들게 모아둔 돈을 다 털어 주셨을 거라고 생각하니 마음이 너무 아팠다. 겨우겨우 울음을 멈추고 엄마에게 전화를 드렸다.

"엄마, 엄마가 돈이 어디 있다고 그렇게 큰돈을 보냈어요?"

"할미가 돼서 손녀딸이 그리 아픈데 뭐 하나 해주지도 못하고 미안하다. 뭐라도 좀 해줘라." 엄마의 목소리는 젖어있었다. 엄마의 목소리를 들으니 또 눈물이 고장 난 수도꼭지처럼 쏟아졌다.

그 시절은 하루하루 이를 악물고 고비를 조이며 살던 힘겨운 시절이었기 때문에 엄마의 그런 마음 씀에 나는 더욱 마음이 아팠다. 눈물이 다 말라서 허할 만큼 메마른 줄 알았는데 내게 아직도 이토록 많은 눈물이 남아있을 줄은 몰랐다.

자식에게 뭐 하나라도 더 주고 싶어 안달을 하는 것이 엄마의 마음이다. 나 역시도 내 몸을 녹여서라도 딸을 살리고 싶었다. 그런 엄마의 마음을 너무나 잘 알기에 심장이 쿡쿡 쑤셔왔다. 돈 봉투를 생각할수록, 누렇게 말린 돈을 떠올릴수록 평생을 죽도록 고생만 하신 엄마의 일생이 파노라마처럼 뇌리를 스쳐 지나갔다. 남편과 자식들에게 자신이 가진 것을 다 내어주며 살아오신 엄마였다. 나무처럼 겨우내 모진 시련을 다 견뎌내고 봄부터 애써 싹을 틔우고 꽃을 피우고 열매를 맺어 자식들 잘되기만을 바라며 아낌없이 다 내어주고 싶은 것이 엄마의 마음이었던 거다. 늘 가족을 위해 희생만 하시며 우리 6남매를 키우시느라 엄마는 항상 한겨울의 앙상한 나무처럼 비어있었다.

　엄마는 평생을 살아오면서 엄마의 목소리를 내보신 적이 없었다. 매사 가부장적인 아빠에게 짓눌리고 할머니와 이모할머니께 모진 시집살이를 당하셨다. 그러면서도 늘 자식들에게는 바람막이가 되어주셨다. 나는 어릴 적 어느 날 뒷마당에 숨어 몰래 숨죽여 우시던 엄마의 모습을 본 적이 있었다. 그 장면은 어린 내게 큰 충격이었다. 어린 나는 엄마에게 다가가지도 못하고 숨어서 지켜보고 있어야만 했다. 50년 가까운 세월이 지났어도 그때 어쩌지 못하고 지켜보고만 있었던 안타까움이 지금까지 내 가슴에 인두 자국처럼 뜨겁게 남아있다.

　'엄마의 돈 봉투', 그 사진 한 장은 그날 이후로 내 삶의 방향키가 되었다. 가장 힘들고 지칠 때마다, 위로가 필요할 때마다 그 사진을 꺼내 보며 용기를 얻었다. 정말 잘 돼서 자식 키운 보람을 느끼게 해드리고 싶었다. 엄마에게 받은 만큼 아니, 그 이상으로 돌려드리고 싶어 종종거리며 열심히 살게 되었다. 그런 엄마가 계신다는 것은 어떠한 어려움도 이겨낼 수 있는 원동력이 되었다. 나는 엄마가 되고 나서도 엄마의 마음을 온전히 다 헤아릴 수는 없는 것 같다.

　삶이 지치고 힘들 때 나는 '엄마의 돈 봉투'의 기억을 되새겨 본다. 덕분에 나도 엄마처럼 어떠한 모진 풍파와 시련도 견디고 이겨내며 참다운 나로 살아가게 되었다. 나는 사람들에게 희망의 증거가 되고 싶었다. '언제 어떠한 상황에서도 떳떳하게 나설 수 있는 나, 외면보다는 내면이 튼실한 내가 되리라'고 늘 다짐했다. 그래서 나는 지금 내가 가진 노하우와 경험으로 사람들에게 희망을 나누어 주는 강사, 꼭 필요한 1%의 용기를 보태주는 강사로 활동하고 있다.

'한국강사교육진흥원' 법인을 설립하자마자 '코로나19'라는 복병을 만났다. 하지만 포기하지 않고 '온라인 플랫폼'을 만들어 내가 할 수 있는 최선을 다했기에 힘든 시기임에도 한국강사교육진흥원은 날로 번창하고 있다. 내가 다소 희생을 하더라도 매주 금요일에는 무료로 교육을 실시하며 사람 중심인 교육공동체를 만들어가고자 한다. 모두 엄마가 선물해준 나눔과 베풂의 마음 때문에 가능했던 일이다. 엄마의 생명력은 내게 1%의 가능성에도 도전하는 마음, 어떤 일이든지 부딪혀 보며 이겨내는 용기를 주셨다. 어떤 상황에서도 항상 내 편이고 늘 든든한 응원을 보내 주시는 엄마가 살아계신다는 것이 내겐 큰 축복이다.

엄마가 평생을 헌신하며 보여줬던 것처럼 나도 엄마 같은 넉넉한 마음으로, 사람들을 대하며 교육공동체를 만들어 갈 것이다. '희망'이라는 두 글자를 사람들에게 선물하고 싶다.

"백지장도 맞들면 낫다"는 속담이 있듯이 나 개인보다는 '우리'라는 정신으로 함께할 때 시너지 효과는 극대화될 것이다. '엄마의 돈 봉투'를 계기로 나는 마음의 주인으로 우뚝 서서 '모두가 함께 꿈꾸며 행복한 세상을 만들어가기'라는 내 인생의 목표를 세울 수 있었다. 거침없는 나눔, 거침없는 헌신, 거침없는 사랑, 어떤 변명도 허락하지 않는 행동력... 이 모든 것이 엄마의 돈 봉투가 준 선물이다.

5년 후 삶의 모습

나눔의 아이콘

5년 전이던 2021년에는 '코로나19'라는 전염병이 전 세계를 휩쓸어 하루에도 수천 명씩 죽음을 맞는 상황이 되자 모두가 비대면 활동을 생활화해야 했다. 한국강사교육진흥원 교육과정도 대면이 어려워 줌(Zoom) 화상회의 시스템을 통해 회원들과 비대면으로 소통하며 대부분의 강의도 비대면으로 진행하게 되었다.

2021년 4월 17일에도 비대면으로 『5년 후 내가 나에게』 공저자들을 만나고 집필을 시작했다. 『5년 후 내가 나에게』가 베스트셀러가 되면서 북 콘서트, 작가와의 만남 등으로 전국을 다니다 보니 9명의 저자가 더욱 똘똘 뭉칠 수 있었고 성공 가도를 달리기 시작했다. 베스트셀러뿐만이 아니었다. 각자의 삶에 5개년 중장기 계획을 세우고 앞으로 5년을 내다보며 살아가다 보니 성공은 자연스럽게 따라오게 된 듯하다.

  5년 후 성공한 내 모습을 그리며 2021년에 새롭게 시작한 일은 '평생교육사 자격증' 취득 준비다. 원격평생교육원 설립을 위해서는 평생교육사 자격증 취득이 필수이기 때문이다. 자격증을 취득하고 5년 전에 설립한 원격평생교육원이 지금은 자리가 잡혀 탄탄한 교육 사업으로 효자 노릇을 하고 있다. 원격평생교육원을 통해 자동으로 수익이 이어지니 내 삶 또한 여유가 생겼다.

  한국강사교육진흥원 회원들과는 오랜 기간 함께하다 보니 가족 이상으로 끈끈한 정이 느껴진다. 지방 출장을 가게 되면 가는 지역마다 반갑게 마주할 사람들이 있어서 더없이 행복하다. 가는 곳마다 반갑게 맞아주는 회원들 덕분에 일부러라도 전국 일주를 하고 싶은 마음이다. 전국뿐만이 아니라 해외에도 제법 회원들이 있다. 서로 동기부여를 하면서 함께할 수 있어 뿌듯하다. 내가 가진 것을 자꾸자꾸 퍼주고 싶고, 퍼줘도 아까울 것이 없는 사람들이다. 내가 힘들 때 곁을 지켜준 사람들이고, 누군가를 위해서 꿈을 나누며 삶을 윤택하게 만들어주는 대한민국의 희망인 우리 강사들인데 아까울 것이 뭐가 있겠는가?

  매주 금요일은 한국강사교육진흥원 플랫폼이 생긴 이래 한 주도 빠짐없이 회원들의 재능기부 선물특강으로 나눔을 하고 있다. 5년 전부터 매월 셋째 주 일요일 밤에 진행하는 '미꿈시(미래를 꿈꾸는 시간 15분)' 온라인 특강을 통해서도 많은 회원이 꿈을 이루고 성장해가고 있는 모습을 보면 흐뭇하다. 이런 것들이 살아가는 소소한 행복이 아닐까 싶다. 내가 좋아하는 일이, 내가 하고 싶었던 일이 어느 누군가를 위한 것일 때 가장 보람이 있다. 그 일을 즐겁게 해나가는 나 자신이 스스로 대견하다고 여겨진다.

　2021년 5월 20일에는 한국장기조직기증원 주최의 〈생명나눔 전문강사 양성과정〉 강의를 하러 갔었다. 세상에서 가장 소중한 생명을 나누는 일처럼 의미 있고 좋은 일이 또 있을까? 사람을 살리는 일보다 더 귀한 일은 없을 것 같다. 2016년에 나는 이미 장기기증 서약을 했다. 강의를 시작하면서 프로필을 소개할 때 내가 장기기증을 서약하게 된 동기를 간단히 이야기하며 공감대를 형성했다. 2016년에 23세의 꽃다운 나이였던 딸이 골수이식을 받아야 했을 때 기증자가 없어 절절한 마음으로 애를 태웠던 때가 떠올랐다. 그러면서 문득, 장기이식이 시급하여 사경을 헤매고 있는 이들을 도와야겠다는 생각이 들었다. 한동안 강의를 하면서 장기기증 서약을 할 수 있도록 유도했었지만, 언제부터인가 잊고 살았다. 다시 '사람을 살리는 일'에 동참할 수 있는 방법을 찾아 봉사활동을 해야겠다는 마음이 들었다.

　강의를 마치고 나오는 길에 『초록빛 정원에서 온 편지』라는 책 한 권을 가져왔다. "당신이 심은 희망의 씨앗으로 세상이라는 정원이 초록빛으로 물들었습니다."라는 문구가 마음에 와 닿았다. 절망에 빠진 누군가에게 새로 시작할 수 있도록 돕는 일이 초록빛 정원을 만드는 일이라는 것이다. '주는 사랑'의 기증자의 가족 편지와 '받는 사랑'의 수혜자의 가족 편지, '생명을 잇는 다리' 역할의 코디네이터의 편지글로 엮어진 책 한 권을 순식간에 읽으면서 잊고 있었던 옛 감정이 되살아나서 한참을 울었다.

그리고 생명 나눔에 나 스스로 홍보대사를 해야겠다고 확고히 결심했다. 한국강사교육진흥원 회원들부터 독려하고 싶었다. 그래서 지난 강의 복습용 영상을 무료로 나눠주면서 장기기증 서약자들을 모았다.

이미 내 몸은 나만의 것이 아니다. 2016년에 장기기증 서약을 한 순간부터 내 몸은 어느 누군가를 위한 것이며, 잠시 내가 빌려 쓰고 있다는 생각이 들었다. 다 망가진 몸을 다른 사람에게 주고 갈 수는 없지 않은가? '보험회사에서 실비보험도 안 들어주는 걸어 다니는 종합병원에서 벗어나자. 건강한 신체를 남겨줄 수 있도록 우선 내 건강부터 챙기자.'고 굳게 다짐하며 운동 계획부터 세웠다. 새로운 루틴을 만들었다. 가벼운 걷기 운동부터 시작했고, 엘리베이터를 타지 않고 계단을 걸어 다녔다. 덕분에 몰라보게 건강이 좋아지기 시작했다. 대중교통을 이용하며 웬만한 거리는 뚜벅이를 자처했다. 대중교통을 이용하니 덤으로 여유시간까지 생겼다. 더욱 활력이 생겼고, 더욱 신나게 일을 진행할 수 있었다.

강의 때마다 자연스럽게 장기기증의 중요성을 이야기하며 장기기증 서약을 독려했다. 그리고 매월 수입의 10%는 따로 통장을 만들어 모아두었다가 연말이면 '사람을 살리는 일'에 사용했다. 나눔에 익숙해지다 보니 더욱 수입이 늘어났다. 나눔 마케팅의 효과가 나타나기 시작한 것이다. 덕분에 내 입은 항상 귀에 걸리기 시작했고 늘 행복했다.

더욱 좋은 일은 2020년에 출간했던 책 『벼랑 끝 활주로』가 영화로 제작되어 마무리 단계라는 것이다. 곧 극장에서 상영될 예정이다. 2021년에 영화감독님께 책을 보내드렸더니 검토해 보시고는 "영화로 만들어도 좋겠다."고 하시며, 영화 제작에 들어갔던 것이다. 영화가 상영되면 더 많은 사람에게 꿈과 희망, 도전할 수 있는 용기를 선물할 수 있게 될 것이다.

또한, 나는 2021년 한국강사교육진흥원에서 진행했던 〈윤보영의 시인학교〉 과정을 통해 감성시를 접하게 되었다. 5년이 지난 지금, 나는 공저시집을 포함해 감성시집 10권을 출간하게 되었다. 시를 쓰면서 가장 좋았던 것은 '사랑하는 마음'이 생겼다는 것이다. 감성시를 만나기 전에는 마음이 황량하기 그지없었다. 감성시를 접하면서 오글거렸던 마음도 잠시, 어느 순간 감성으로 충만한 사랑에 빠지게 되었다. 나 자신을 사랑하고, 이웃을 사랑하게 되었고, 어둡고 그늘지게만 보였던 세상이 무지개처럼 아름답게 보이기 시작했다. 마음을 다스리는 방법 중 하나로 감성시를 쓰는 것만큼 좋은 일도 드문 것 같다.

그러고 보니 5년 전부터 새로 시작한 일들이 제법 된다. 지난 5년을 참 알차게 살아왔다고 생각한다. 열심히 노력한 결과들이 결실을 맺어 요즘은 뿌듯함을 만끽하고 있다. 회갑을 맞은 지금도 내가 행복한 미소를 지을 수 있는 것은 지금 내 옆에 놓인 2021년에 공동 집필한 『5년 후 내가 나에게』 저서 덕분이다. 계획을 세우는 것과 세우지 않는 것의 격차는 실로 엄청나다. 단기 계획만 세우는 것과 중장기 계획을 함께 세우는 것은 더 큰 격차를 느낄 수 있다. 끊임없이 나 자신을 관찰하고 살피고 분석하면서 실행 가능한 작은 계획부터 하나씩 세워 실천해 나갔다. 비로소 내가 보이고, 나의 인생을 주인으로 제대로 살아갈 수 있는 오늘의 내가 되었다.

한 치의 부끄러움이나 후회 없이 살아가는 사람들이 과연 몇이나 될까? 그러나 후회는 또 다른 후회를 만들어낼 뿐이다. 위기를 기회로 만들어내는 능력이야말로 성공하는 사람들만이 가질 수 있는 삶의 지혜다. 나는 같은 실수를 반복하지 않기 위해 잘못된 부분을 수정해가며 실수에서 얻었던 경험들을 바탕으로 새로운 일에 도전해 나갔다.

단 1%의 가능성일지라도 피하지 않고 도전해서 경험의 열매를 얻을 수 있을 때 우리는 성장할 수 있다. 경험만큼 인생을 부자로 만드는 일은 없다. 그 덕분에 나는 지금의 값진 성공을 이루어낼 수 있었다. '강사'라는 메신저들의 메카로 나눔의 아이콘으로 내가 성공할 수 있었던 비결은 여기에 있다. 강사를 하다 보니 모든 경험이 모두 강의의 소재가 되고 자산이 되었다.

오늘도 열심히 창의적 경험을 만들어가는 나를 사랑하고 격려한다. 하루하루 이 세상에 쓰임 받는 나로 자리매김해 갈 수 있다는 것이 뿌듯하다. 이 귀한 경험을 독자들과 나누고 싶다. 나를 찾아주는 이들과 삶의 지혜를 나누고 싶다. 오늘도 나는 몸과 마음이 건강한 나눔의 사회를 꿈꾼다.

5년 후 오늘, 나의 하루

새로운 미션

2026년 3월 20일

 지금까지 살아온 60년은 어느 한순간도 헛됨이 없었다. 모두 사유(事由)가 있었고 알곡과 같았다. 오늘은 낮과 밤의 길이가 같은 24절기 중 네 번째 절기인 춘분이자 두 번째 30년을 살아온 나의 60회 생일이다. 생일을 맞아 남편이 끓여준 미역국으로 아침 식사를 하고, 오늘은 내 생의 마지막이 될지도 모를 세 번째 30년을 기획해 보는 미션 하나만 오늘의 과제로 남기고 내게 휴가를 준다.
 모처럼 휴가를 맞아 분위기 좋은 카페를 찾았다. 오늘따라 미세먼지도 없는 맑은 하늘과 쾌청한 날씨가 꼭 내 마음과 같다. 지금까지의 내 삶은 매 순간이 미션이었다. 앞으로의 삶도 그럴 것이다. 매일 주어지는 미션을 하나씩 풀어가는 재미와 이루어내는 보람이 있다.

　아침에 눈을 뜨면 '오늘'이라는 선물이 내 앞에 와있다. 오늘 아침에도 어김없이 양치하고 향기 좋은 미온수 차 한 잔을 마시며 하루를 기획한다. 내 몸에 착 감기는 따뜻한 미온수처럼 나도 누군가에게 늘 도움이 되는 꼭 필요한 사람으로 살고자 노력해 왔다. 오늘은 그 누군가가 바로 나다. 분위기 좋은 카페에서 좋은 음악을 들으며 평화로운 시간을 누리는 여유를 나에게 선물해 주고 싶었다. 내 삶의 스토리로 이루어진 한 편의 감동 영화를 회상하면서 말이다.

　오늘 저녁에는 〈예술의 전당〉에 오페라를 보러 가려고 예약해 두었다. 그동안 빼곡하게 꽉 짜인 일상을 사느라 꿈도 못 꿔본 일이다. 어느 때는 바빠서 화장실 갈 시간도 없이 종종거리기도 했고 식사를 놓칠 때도 많았다.

　어제 하루의 일정만 해도 그랬다. 새벽 4시에 기상해 2019년 2월부터 시작했던 "자기 혁명 프로젝트" 팀원들에게 기상했음을 알리고 양치하고 세수부터 했다. 가볍게 스트레칭을 하고 미온수 한 잔을 만들어 마시며 책상에 앉아 노트북을 켜고 하루를 기획했다. 하루 일정은 가장 중요한 일과 급한 일 순서로 정한다. 일정 체크 후 5시까지 책을 읽었다. 5시에는 "자기 혁명 프로젝트" 두 번째 팀에게 기상 톡을 남기며 응원했다. 5시부터 7시까지는 집필 중인 11번째 저서 자기계발서의 원고를 썼다. 7시에는 고객사에 강의를 들어가는 한국강사교육진흥원 강사들을 체크했다. 5년째 단골 고객이 되어준 고객사에게 최선을 다하기 위해 빈틈없이 매일 체크하고 강사들에게 진행에 차질이 없도록 당부하곤 한다.

　보통 외부 강의가 없는 날은 매일 한국강사교육진흥원으로 출근한다. 매일 반복되는 필수 코스다. 매주 목요일 오전에는 10시부터 12시까지 '강의 코칭' 수업을 진행한다. 매일 2시간씩 꾸준히 글을 쓰다 보니 10권의 저서를 출간하게 되었다. 5년 전 출간한 공동저서 『5년 후 내가 나에게』에 이어 지난달에 출간한 10번째 저서인 자기계발서 『나로 산다는 것』이 베스트셀러가 되어 요즘 저자 특강 의뢰가 많이 들어오고 있다.

　오후에는 세종시 정부청사에서 공무원 대상 『나로 산다는 것』 저자 특강이 3시부터 5시까지 있었다. 점심을 간단히 김밥으로 때우고 세종시로 이동했다. 바쁘다 보니 평소 이동 중에도 휴대폰 확인을 자주 하게 된다. 한 번은 급한 일이 없나 휴대폰을 열어보니 제주특별자치도 인재개발원에서 저자 특강 요청 문의가 있어 답 문자를 보내다가 사고가 날 뻔한 아찔한 순간도 있었다. 운전 중 문자는 하지 말아야지 하면서도 시간에 쫓기다 보니 어쩔 수 없이 하게 된다.

　저자 특강을 성황리에 마치고 질의응답이 쏟아졌다. 날마다 끼니 걱정을 해야 할 만큼 빈곤한 가정에서 태어나 모진 풍파와 우여곡절을 겪으면서 오늘의 '나'로 우뚝 서기까지 미션을 풀어가는 삶을 살아온 나의 강한 메시지에 사람들의 관심이 쏟아졌다. 생활 속에서 풀어나가야 할 크고 작은 미션들이 많지만, 나는 가장 강력한 '오늘 꼭 이루어내야 할 핵심 미션'을 매일 일기장에 적어 왔다. 오늘의 미션을 충실하게 수

행할 나에게 보내는 격려의 메시지도 빼놓지 않았다. 저자 사인회를 하는데 많은 사람들이 『나로 산다는 것』 책 한 권씩을 들고 줄을 길게 서 있어서 팔은 좀 아팠지만, 더없이 행복한 순간이었다.

저녁 9시부터는 줌(Zoom) 화상회의 시스템으로 강의가 있었다. 세종시에서 올라오면서 안성휴게소에 들러 가락국수 한 그릇으로 간단히 저녁을 해결했다. 혹시나 늦으면 어쩌나 걱정했는데 길이 막히지 않아 참 다행이었다. 교육 신청자들에게 초대 링크를 메일 발송하고 강의 30분 전, 겨우 한숨 돌렸다. 강의를 마치고 영상을 만들어 부분공개로 유튜브에 업로드하여 복습용 영상을 신청한 교육생들에게 메일 발송까지 하고 나니 11시가 넘었다. 하루를 마무리하며 '5감 3배 1톡(5가지 감사와 3가지 배려, 1가지 핵심 스토리)' 일기로 하루의 마침표를 찍었다.

이렇게 하루하루 열심히 살다 보니 법인이 두 개가 되었다. 한국강사교육진흥원과 KS에듀원격평생교육원이다. 원격평생교육원을 설립한 이유는 플랫폼과 연계해 비대면 강의를 체계적으로 키워가고 싶은 마음에서였다. 지금은 완전하게 자리가 잡혀 홈페이지에 가입된 회원 수만 해도 수만 명이 된다.

그동안 꽉 찬 옥수수 알맹이처럼 빽빽한 일정을 소화해 내느라 카페에서 여유 있게 차 한 잔 마시는 휴식을 누리는 것조차 꿈으로 여겼는데 그 꿈을 60회 생일을 맞은 오늘, 드디어 누리며 즐긴다. 혼자만의 이 여유가 얼마 만인지 기억조차 나지 않는다. 너무 행복해서 입 꼬리가 저절로 올라간다. 이 행복한 마음으로 마지막이 될지 모를 세 번째 30

년의 큰 그림을 그려본다.

앞으로 10년만 더 현역에서 뛰고, 나머지 20년은 집필활동만 할 계획이다. 손가락 힘이 다할 때까지, 내 의식이 살아있을 때까지 글을 쓰며 이 세상에 다녀간 흔적을 남길 것이다. '강의 A/S 100년'이라는 약속을 지키기 위해서라도 글쓰기를 게을리하지 않을 것이다. 아름다운 마무리를 하게 될 세 번째 30년도 참 기대가 되고 흥미롭다.

치열하게 살아가는 오늘들이 모여 귀한 열매가 될 것이다. 인생의 마지막 점을 찍을 때는 환한 웃음으로, 뿌듯하고 가슴 벅찬 보람으로, 잘 만들어진 한 편의 인생영화를 남길 수 있기를 바란다. 인생의 주인공 역할을 탁월하게 잘 해온 나를 격려하고 표창장 하나 주며 펜을 놓을 것이다. 그 아름다운 마지막 순간이 기대된다.

5년 후 내가 나에게

견디는 삶에서 누리는 삶으로

     5년 전부터 굳혀왔던 아침의 루틴이 습관이 되어 공기를 마시듯 새벽에 눈을 뜨자마자 화장실로 향하게 된다. 습관이란 것은 의식하지 않은 상황에서도 자연스럽게 몸이 먼저 알아서 움직이게 한다. 좋은 습관을 만들어 준 나에게 참 고맙다.

  오늘은 2026년 5월 8일 어버이날이다. 5년 전과 달라진 것은 지금은 곁에 아버지가 안 계신다는 것이다. 2021년 어버이날은 엄청나게 심적으로 고민이 많았던 날이었다. 마음이 불편하니 자연스럽게 몸도 불편했던 그해! 견뎌내느라 고생했던 나에게 수고했다는 말을 건네고 싶다.

  내게 아버지란 존재는 평생을 아물지 않는 상처다. 가슴을 무겁게 짓누르는 견뎌내기 버거운 큰 바위 같은 존재였다. 내 기억 속에 남아있는 아버지는 어릴 적부터 내게 종종 견디기 힘든 마음의 상처를 주셨다. 상처의 기억은 숨 쉬는 것조차 쓰리고 아프게 했다. 가만히 있어도 답답하고 가슴속이 화끈거렸다. 상처를 가볍게 톡 건들기만 해도 오랜 시간 가슴에 통증이 느껴지고, 고장 난 수도꼭지처럼 눈물이 하염없이 흘러내렸다. 아파도 아프지 않은 척, 괜찮은 척 겉으로만 씩씩하게 살았던 나... 5년 전 나의 모습을 생각하면 지금도 안쓰러워 눈물이 흐른다.

  2013년 봄, 아버지의 폐 중앙에서 수술도 어렵다는 11cm의 소세포 폐암이 발견되었다. 남자 형제도 많았지만 내가 우리 집으로 모셔와 정성껏 돌봐드렸다. 직장을 다니며 대학 두 곳에 강의를 나가느라 도저히 짬이 안 나는 상황에서도 발을 동동거리고 뛰어다니면서 최선을 다해 온 마음으로 모셨다. 지금까지 살아온 내 삶의 방식은 '어떤 상황에서나 망설이지 말고 최선을 다하자'는 것이었다. 시련은 언제나 내가 감당할 수 있을 만큼, 내가 견뎌낼 수 있을 만큼 오는 것이라 믿었기 때문이다.

  힘든 고비를 넘기면서 아버지는 살아나셨고, 건강을 회복하셨다. 거의 정상으로 돌아온 아버지는 또다시 살아생전 부녀의 연을 끊고 싶을 만큼 큰 상처를 주셨다. 아버지에게서 느껴지는 불편함은, 아버지 특유의 아집에서 나오는 형제간의 차별이었다. 아버지는 맏딸인 나에게만큼은 유독 냉정하고 계산적이고 혹독하게 대하시면서 당신이 필요로 할 때는 제일 먼저 나를 찾으시는 이중적인 모습을 보여주셨다. 쌓였던 서운함은 아버지가 근거도 없는 동생의 말만 믿고 이른 아침부터 우리 집으로 따지러 오셨을 때 폭발했다. 아버지는 동생의 왜곡된 말에 현혹되어 사실 여부를 알아보실 생각도 안 하시고, 나의 마음이 어땠는지 진심 어린 마음은 물어보시지도 않은 채 비난부터 퍼부으셨다. 그런 아버지에 대한 서운한 마음에 그동안 쌓였던 온갖 감정들까지 덤으로 한꺼번에 몰려와 나는 더 큰 상처를 받게 되었다. 그래도 변함없이 아버지에게 찾아가는 남편이 있어서 그나마 그 아픈 시간들을 견딜 수 있었다.

  5년 전 아버지는 암이 또다시 재발되어 손댈 수 없을 만큼 온몸으로 전이됐다. 남은 날이 얼마 되지 않는다는 것을 아시고는 딸에게 미안한 마음이 드셨는지 아버지는 딸을 찾으셨다. 미안하다는 말을 하고 싶다며 나를 찾았지만, 속으로 곪아버린 내 상처가 너무 컸기에 걸려오는 전화에 통화 버튼을 결국 누르지 못했다. 잠자는 시간만 제외하고 깨어 있는 시간 내내 병간호를 해봤기에 아버지가 병상에서 어떤 모습으로, 어떤 마음으로 계실지 아버지 생각이 종일 내 머릿속에서 떠나지 않고 껌딱지처럼 붙어 다니며 나를 괴롭혔다. 그럼에도 불구하고 선뜻 발걸음을 떼지 못하고 있었다. 결국, 임종이 얼마 남지 않아 호스피스 병동으로 옮겨야 한다는 말을 듣고서야 편히 보내드리고 싶어 찾아뵈었다. 이후로 가끔씩 찾아뵐 적마다 아프지 않은 척 곱게 차려입고 딸을 기다리는 아버지의 모습에 마음이 아팠다.

  나는 생을 마감하고 계시는 아버지로 인해 2021년을 가장 힘들게 보냈다. 몸의 상처는 약을 바르고 먹으면 아물게 되지만, 마땅히 약이 없는 마음의 상처는 내 몸까지 갉아 먹었다. 특히, 가족의 불신으로 생긴 마음의 상처는 더 깊어 쉽게 치유되지 않았다. 마음과 대응하느라 가장 힘든 시기를 보내며 바쁘게 살았던 2021년, 그때의 나로서는 그것이 최선이었다는 것을 잘 안다.

  코로나 확산이 심해져 아버지는 보호자도 없이 병동에서 홀로 쓸쓸하게 계셨다. 위독한 상황이 찾아왔을 때, 병원 측의 배려로 자녀들이 모두 모여 한 명씩 아버지께 마지막 인사를 드릴 수 있었다. 너무나 고통스러워하셨던 아버지의 모습이 아직도 눈에 선하다. 그렇게 아버지는 가셨다. 말년을 마음고생하며 지독한 병마와 함께 외롭게 고통으로 보내셨을 아버지의 인생이 너무 안쓰러워 밤새 침대 시트가 젖을 정도로 눈물을 흘린 날도 많았다. 이제는 하늘나라에서 편하게 쉬고 계실 아버지에게 이렇게 말하고 싶다.

  "아버지, 그동안 수고 많으셨어요. 낳아주셔서 감사해요. 좋았던 모습만 기억할게요. 큰딸이 어떻게 살아가는지 잘 지켜봐 주세요. 아버지가 하늘에서도 자랑스러워하실 딸로 잘 살아갈게요. 형제들이 다시 예전처럼 화목하게 살 수 있도록 해주셔서 감사해요. 아빠! 사랑해요."

  한 가정의 가장으로서 아버지는 '마음이 아픈 분'이셨다는 생각이 든다. 마음이 아프면 삶의 주인으로 살아가는 데 어려움을 겪기 마련이다. 아버지는 인생을 살아가는 데 '건강한 마음'으로 사는 것이 얼마나 중요한 것인지를 깨우쳐 주시고 가셨다.

  나는 그동안 매 순간, 1분 1초도 아껴가며 남들보다 몇 배로 노력하며 살아왔다. 지나고 보니 60년의 생이 120년 이상 살아온 것처럼 까마득하게 느껴진다. 돌아보면 지나간 시간들은 상처를 견디는 시간이었다. 나는 이제 다시 새로운 앞날을 계획하고자 한다. 60의 나이가 되어보니 이제야 철이 들며 많은 것들을 깨닫게 되는 것 같다.

To. 상처뿐인 김순복

  너에게 전하고 싶은 말이 있다. 이 말을 명심하지 않으면 우리는 어쩌면 만날 수 없을지도 모른다는 생각이 든다.

  첫째, 질주를 멈추고 너 자신의 건강을 챙기기를 바란다. 10번의 전신마취 수술과 시술, 매년 불러들였던 119구급차, 수십 번의 자각증세에도 멈추지 않았던 너의 달음질을 당장 멈추고, 네 몸의 건강상태를 살피고 너를 먼저 보살펴 주도록 하렴. 그렇지 않으면 우리는 서로 만날 수 없을지도 모른다.

  둘째, 시간 테이블에 '쉼표'를 찍도록 하자. 내 몸을 던지는 삶이 최선인 줄 알았지만, 그것은 나의 착각이었다. 일과 쉼의 균형을 맞출 수 있게 삶 속에서 여유를 가져라. 그렇지 않으면 건강이 너를 위협할 수 있다. 네가 건강하게 잘 살아줘야 지금 너를 바라보며 함께하고 있는, 네가 가족들보다도 더 좋아하고 챙기는 한국강사교육진흥원의 천여 명의 회원들과도 오래오래 함께 갈 수 있어.

  벼랑 끝에 매달린 채 위태롭게 살아온 김순복! 네가 아팠던 만큼 누군가를 치유하고자 몸부림쳤던 너의 마음에게 고맙다. 아버지에게 부렸던 몽니(받고자 하는 대우를 받지 못할 때 내는 심술)가 네 유일한 삐침이었음을 아버지도 이해하셨을 거야. 이만큼 살아보니 이제 보여. 네가 얼마나 너 자신을 던지며 아픔을 견뎌왔는지. 하지만, 이제는 견디는 삶이 아니라 누리는 삶을 살기를 바란다. 너는 충분히 누릴 자격이 있으니까 말이야. 이제 천천히 가도 돼. 난 60이지만 너는 아직 젊잖아? 마음의 주인으로 살면서 우리 꼭 만나도록 하자. 2026년 나는 이제 또다시 5년 후를 꿈꿀 거야. 언제나 씩씩한 김순복! 웃음이 함박꽃처럼 밝은 너를 응원한다. 나는 항상 네 편이야!

내 인생의 흑백사진 한 장
키다리 아저씨

5년 후 삶의 모습
해피트리 심리연구소

5년 후 오늘, 나의 하루
키다리 가족의 미라클 하루

5년 후 내가 나에게
흔들리며 자라난 나무

백세영

- 해피트리심리연구소 대표, 문학치료학 박사수료
- 행복한 나무처럼 모든 것을 줄 수 있는 또다른 키다리아저씨가 될 수 있도록 마음치유를 실천하고 있다
- 저서: 공저 『둥지』, 『내안의 그대라는 꽃』

내 인생의 흑백사진 한 장
키다리 아저씨

    칠흑 같은 밤… 구름에 가리어 달빛도 힘을 잃고, 쌓인 눈 덕분에 희미하게 보이는 나무숲에 그는 홀로 서있었다. 앙상한 가지가 하늘 끝까지 닿아있는 나무들 사이를 가로지르며 그는 천천히 발걸음을 옮겨 서서히 다가오기 시작했다. 그림 리퍼(Grim Reaper: 저승사자)… "전설의 고향"이라는 TV 드라마를 통해서 여러 번 보았던 '검은 두루마기를 입고 갓을 쓴 저승사자'의 모습은 내가 살아온 한국이라는 문화적 배경과 무의식 속에서 체험되고 축적된 이미지일 것이다. 꿈에서 몇 번이나 보았던 그 똑같은 장면은 아직도 나의 뇌리에 선명하게 남아있다. 중학교 1학년 때쯤으로 기억되는 어느 겨울, 나의 할아버지는 그와 함께 에리다누스의 강(이승과 저승을 연결하는 죽음의 강)을 건넜다.

  할아버지는 은수저, 작은 메모지, 볼펜 등 무엇이라도 생기면 열 명이 넘는 손자 손녀가 있음에도 불구하고 꼭 나를 몰래 불러서 손에 쥐여주시곤 하셨다. 애정 어린 표현도 다정한 눈빛도 내비치지 않으셨지만 나를 끔찍이도 챙겨주셨던 것은 그 어린 나이에도 오롯이 느낄 수 있었다. 나의 기억 속에 선명한 할아버지를 무뚝뚝한 나의 '키다리 아저씨'라고 부르고 싶다.

삶에서 가장 큰 에너지는 나를 믿어주고 지지해주는 사람으로부터 얻어지는 것이라고 나는 생각한다. 마음으로 응원하고 지지해주는 것, 이는 어쩌면 사랑한다고 표현하는 것보다 더 큰 힘이 될 수 있을 것이다. 나는 자라면서 절망감 속에서 허우적거릴 때가 많았다. 이제 와서 생각해 보면 그때마다 나를 있는 그대로 믿어주던 단 한 사람, 나의 가슴 저 깊은 곳에 든든하게 자리 잡은 키다리 아저씨가 있었기에 오뚝이처럼 계속 도전하고 다시 일어설 수 있었다.

초등학생 때 옆집에 살던 친구가 늘 방과 후에 과외를 받았는데, 책상 앞에 나란히 앉아있던 과외선생님과 그 친구의 모습은 멀리서 창밖으로 보아도 그렇게 좋아 보일 수가 없었다. 그 모습을 한참 들여다보곤 했는데, 어쩌다 그 친구와 눈이 마주치면, 나는 '넌 참 안됐다'는 식의 표정을 일부러 지어보이기도 했다. 중학교에 다닐 때는 한 친구가 자기 엄마는 학습지 공부를 강요한다며 불만을 토로했는데, 나는 속으로 너무 부러웠으면서도 "그런 건 할 필요 없을 것 같다"며 은근히 그의 불만을 부추긴 적도 있었다.

나는 과외도 하고 싶었고, 학습지도 하고 싶었다. 학원도 다니고 싶었고, 책도 많이 사 읽고 싶었던 나름대로 공부에 욕심이 있는 아이였다. 하지만 현실적으로 우리 집안의 형편과 분위기는 나의 의욕을 받쳐주지 못했다. 대학을 갈 때에도 늘 속 썩인다는 말을 들어야 했고, 혼자 힘들게 준비해서 유학을 갈 때에도 마치 죄를 짓고 야반도주를 하는 사람처럼 도망가는 심정이었다.

나의 인생에 나를 지지해주는 내 편이 존재하기는 하는 걸까? 내가 꿈꾸는 것은 언제나 부모님에게 무시당한다는 생각이 들었고, 처음부터 시작도 하면 안 되는 것처럼 느껴졌다. 지원까지는 바라지도 않았다. 그저 "내가 하는 일을 방해만 하지 않았으면 좋겠다.", "내가 꾸는 꿈을 싹부터 자르지만 않았으면 좋겠다."라는 기도를 하며 베개를 부둥켜안고 울다 잠든 적이 한두 번이 아니었다.

지인 중에 어렸을 때 집안이 너무 가난했는데 미술을 전공한 분이 있다. 나는 가난한데 어떻게 돈이 많이 든다는 미술대학을 무사히 마칠 수 있었는지 궁금했다. 그분뿐만 아니라 다른 비슷한 상황의 분들에게도 물어보았는데 우연인지 모르겠지만 그들의 대답은 한결같이 부모님이 자신에게 너무 관심이 없어서 반대 같은 것도 없었다는 것이다. 아예 신경 자체를 안 썼다는 얘기다. 그 사람들의 이야기를 들으며, '아하! 아무리 가까운 사이라도 남의 인생을 통제하려 하지 않는다면 사람은 다 자기 몫은 할 수 있겠구나.'라는 생각이 들었다. 그들은 부모가 자신에게 관심조차 없었다고 조금은 서운한 듯이 이야기했는데, 나는 차라리 그런 부모조차 부럽다는 생각이 들 정도였다.

어쩌면 나를 믿어주는 단 한 사람은 나밖에 없다는 생각을 하게 된 것도 그 때문이었을지 모른다. 하지만 나에 대한 믿음과 확신도 내게 버팀목이 되어준 그 누군가의 지지적 경험이 있었을 때 생기는 것이 아닐까? 나를 믿어준 그 단 한 사람은 내 안에 여전히 자리 잡고 살아있었다. 국문학이 무언지 대학교수가 무엇인지도 잘 모르던 초등학교 시절 '국문학과 교수'가 되고 싶다고 말했을 때 내 말에 귀 기울여주고, 교수가 될 때까지 옆에 있어 주겠다고 말씀하셨던 유일한 사람은 바로 나의 '키다리 아저씨'인 할아버지였다.

심리학을 공부하고 상담자로 활동하면서, 상대를 위한다는 명목 하에 섣부른 판단과 조언을 하는 것은 오히려 듣는 사람들에게 혼란을 야기할 수 있다는 것을 깨달았다. 선입견에 의한 판단과 조언은 한 사람의 인생에 부정적인 영향을 끼칠 수 있으며, 불필요한 죄책감과 분노를 낳게 할 수도 있다. 상대가 용기를 가지고 스스로 일어날 수 있도록 하는 방법은 결국 지지와 격려가 아닐까? 나는 어렸을 적 키다리 아저씨의 그 친절한 격려와 지지 덕분에 시련이 닥쳐올 때마다 큰 힘을 낼 수 있는 것이다.

결혼해서 아내, 엄마라는 역할을 맡은 채 새로운 환경에 뛰어들고자 했을 때 내가 마주한 가장 큰 장벽은 가족의 반응이었다. "안 돼!"라고 드러내놓고 반대하지는 않아도 얼굴 표정에서 고스란히 전해오는 그 비언어적 표현들과 과도한 걱정들이 겨우 힘을 내고 있는 용기라는 싹을 가혹하게 잘라버리려는 듯 느껴졌다. 가족의 지지가 무엇보다 절실

할 때, 힘이 되는 그 한마디가 절실히 필요할 때, 나를 지지해주고 응원해주는 내 편이 없다는 생각이 들었다. 새로운 세계로의 진입은 나에게 커다란 용기를 필요로 했다. 결혼 후 세상은 빠르게 변하고 있는데, 나는 내 이름 석 자도 잊은 채 그저 하루하루를 정신없이 보내야 했다. 문을 열고 밖으로 나갈 수 있는 에너지가 필요했다. 그 당시 나는 그동안 주저앉았던 삶의 동굴에서 벗어나기 위해 아주 세찬 바람을 온몸으로 맞으면서 혼자 서있는 듯했다. 다행히 나는 "도전하지 않으면 얻을 수 있는 것은 아무것도 없다"라는 사실만큼은 잊지 않고 있었다. 세상은 끊임없이 변하고 있고, 이 변화의 흐름에 발맞추어 나가기 위해서는 두려움을 떨치고 도전을 결심해야 했다.

지금 생각하면 가정주부로서 육아를 감당하며 공부를 다시 시작한다는 것은 그야말로 용기 있는 도전이었다. 정말 그때 머뭇거리고 주저앉고 말았다면 오늘의 나를 만날 수 있었을까? 과연 그 용기의 원천은 무엇이었을까? 언제부터 나에게 그런 용기가 꿈틀대고 있었을까?

그러고 보니 '나의 키다리 아저씨'는 한 번도 나를 놓지 않았다. 지금은 곁에 없지만, 여전히 나를 믿고 응원해주었던 단 한 사람, 내가 나를 믿고, 내가 나를 의지하며 나 자신을 지지하는 사람으로 살아갈 수 있도록 내 안에서 버텨주었던 단 한 사람! 나의 키다리 아저씨는 늘 나를 지켜보고 옆에 있어 주겠다는 약속을 지켜주었다. "과거는 역사, 미래는 미스터리이지만 현재는 선물"이라는 말이 있다. 나의 키다리 아저씨는 나에게 매일을 새롭게 꿈꿀 수 있는 '오늘'이라는 선물을 주었다.

우리에게 있어서 오늘은 인생의 긴 여정의 한 꼭지가 될 것이다. 누군가는 그 여정에서 길을 잃고 헤매기도 하고 누군가는 새로운 길을 찾아 나서기도 하며 누군가는 잃었던 길을 돌고 돌아 다시 제자리로 어렵사리 찾아 돌아오기도 한다. 그러나 그 돌고 도는 여정 속에서 삶의 중심이 되어주는 응원군은 언제나 있게 마련이다. 다만 자신이 그의 존재를 알아보지 못할 뿐이다. 돌이켜 생각해 보니 나의 용기 있는 결정에 대학원 첫 등록금을 선뜻 내어준 남편이 있었고, 공부하느라 바쁜 나를 위해 매주 세 아이를 돌보아준 친정 식구들이 있었다. 어릴 적 학원도, 과외도, 학습지도 시켜주지 않으신 부모님 덕분에 나는 스스로 기회를 만들고, 열정을 다하여 꿈을 이뤄오는 사람으로 성장할 수 있었을지도 모른다는 생각이 든다.
　내 마음속에는 에리다누스 강을 건넌 나의 키다리 아저씨가 여전히 살고 있다. 그리고 또 이제 내 옆에는 내가 다양한 목표를 세우고 그 목표를 달성하기 위해 역경을 극복해 나갈 때 언제나 나를 전적으로 믿어주는 가족들이 있으며, 나를 응원해주는 지지자들이 하나둘씩 더 늘어가고 있다. 다행히도 나는 그 소중한 존재들을 발견했다. 이제는 그들에게, 또 다른 그 누군가에게 내가 '키다리 아저씨'가 되어줄 차례이다.

5년 후 삶의 모습

해피트리 심리연구소

     5년 전 40대의 막바지에 뿌렸던 꿈의 씨앗이 5년이 지난 오늘 얼마나 자라고 열매를 맺었는지 살펴보는 나의 마음은 기쁨으로 가득하다.

  2017년에 개소했던 나의 연구소는 벌써 10주년을 맞이했다. 홈 오피스로 시작했던 나의 작은 연구소는 이제 지나가는 사람들 모두가 꽃구경을 하며 벤치에 앉아 쉴 수 있는 정원을 가진 4층짜리 오피스 건물로 변신을 했다. 지붕에 "해피트리 심리연구소"라는 간판이 붙어 있는 따뜻한 공간이다. 정원에는 연구소의 이름에 걸맞은 '헤테로파낙스 프라그란스(해피트리)'가 울타리처럼 둘러있다.

  입구에는 "당신이라면 들어오셔도 됩니다!"라는 문구가 적힌 팻말이 있다. 말 그대로 누구나 자유롭게 드나들 수 있는 공간이다. 1층에는 혼자 들어와 책도 보고, 차나 음료를 마실 수 있는 공간이 준비되어 있다. 준비된 차와 음료를 마시면서 소정의 금액을 자유롭게 머니박스에 넣는 방식으로 운영하고 있다. 사실 원가에도 못 미치는 아주 적은 돈이지만 공짜가 아니라 비용을 지불하는 것이니 더 편하게 이용하시라는 의미다. 머니박스에 차곡차곡 쌓인 돈은 신간 도서를 들여 서고를 채우는 데 모두 보태진다.

처음엔 입구에서 정원 안을 들여다보고 머뭇거리다가 지나가는 사람들이 많았는데 이제는 아지트처럼 이용하는 분들이 많아졌다. 2층에는 명상, 최면, 마음 챙김 등 요일별 프로그램이 진행되는 넓은 공간이 마련되어 있다. 처음에는 지역주민들을 대상으로 시작했는데 생각보다 멀리서 찾아오는 귀한 손님들이 늘었다. 프로그램이 끝나면 그분들은 마치 동창회를 하듯이 아주 즐거운 시간을 가지곤 한다. 3층에는 심리 상담실과 교육관이 있고, 4층은 우리 가족이 머무는 주거공간이다.

이 장소들은 내가 오래전부터 계획했던 나눔의 공간이다. 운영에서 얻어지는 수입은 선생님들과 이용자들을 위한 편안한 공간을 유지하는 데에 모두 사용한다.

사실 이렇게 나눔의 공간을 탄생시킬 수 있었던 것은 내가 하고 있는 '헬스 케어 비즈니스' 덕분이었다. 상담심리학을 공부하고 정신과에서 환자들을 상담하면서 정신과 육체가 얼마나 긴밀하게 연결되어 밸런스를 유지하려고 애쓰는지, 또 그 밸런스가 깨지면 얼마나 심각한 정신장애와 신체장애를 가져올 수 있는지 너무 많이 봐왔다. 코로나19의

상황에서 촉발된 건강에 대한 관심이 나에게는 큰 기회가 되었다. 그때 세계 최고의 아이템을 가지고 각 분야의 전문가, 경영인들과 손잡고 힘차게 달렸던 6년이 나에게 전화위복의 기회로 다가왔다. 신체와 정신의 건강과 경제적인 여유를 가지게 됨으로써 나누고 싶다는 마음을 행동으로 실천할 수 있게 된 것이다.

지금도 매출액이 꾸준히 증가하고 있으며, 헬스 케어로 인해 건강을 되찾고, 또 건강을 유지하고 있는 사람들을 보면 더없이 행복하다.

그 덕에 일주일에 한 번씩은 꼭 비즈니스 강연을 나가는데, 전국 곳곳을 다니다 보니 그동안 늘 바람으로만 가지고 있었던 여행의 꿈을 실현하게 되는 즐거움이 뒤따라왔다. 무엇보다도 남편과 이곳저곳을 다니며 함께 시간을 보낼 수 있는 것이 즐겁다. 차 안에서 이런저런 이야기를 나누기도 하고, 둘이 손을 꼭 잡고 경치 좋은 길을 걷기도 하는 모든 순간이 나에게 있어 축복이다.

나에게 찾아와 준 이런 행복을 함께 나누고자 나는 세 명의 결손가정 청소년에게 후견인 역할을 하고 있다. 모든 아이는 태어나면서 부모의 보호를 받으며 건강하게 성장할 권리를 가지고 있지만, 부모가 없거나 부모가 있더라도 더 이상은 보호를 받을 수 없는 아동이 많은 것이 현실이다.

그림 그리는 것을 좋아하는 보육원의 초등학생 여자아이, 보호관찰소에서 상담 하고 있는 고등학생 남자아이, 그리고 이제 막 스무 살이 된 소녀 가장은 모두 내가 보듬고 도와야 할 아이들이다. 욕심 많고 하고 싶은 것도 많은 어린 시절에 꿈을 잃지 않으려고 발버둥치는 아이들에게 꿈과 희망의 끈을 놓지 않도록 도움을 주는 일이 나의 사명이다. 이 귀한 아이들을 위해서라도 내가 더 열심히 살고, 열심히 봉사해야 함을 다시금 깨닫게 된다.

생명이 다하는 날까지 헌신과 봉사의 삶을 살다 간 분들의 얼굴이 떠오른다. 테레사 수녀님, 이태석 신부님, 그리고 나의 롤 모델이었던 배우 오드리 헵번. 무엇이 이들을 그리도 행복하게 했을까? 그들은 어떤 힘으로 존귀한 인생을 아름답게 꽃 피울 수 있었을까? 자신의 달란트를 알아차리고 기꺼이 나누는 삶을 선택한 사람들 덕분에 삶은 한결 풍요로워지고 여유로워질 수 있다고 믿는다.

나는 또한 유기견을 입양해서 키우고 있다. 우리 집에는 '스누피'라는 이름의 골든 레트리버 종의 애견이 있는데 유기견 보호소에서 입양한 엄연한 우리 가족이다. 스누피는 다리가 불편해 절룩거리지만 나들이 가는 것을 좋아한다. 나는 스누피 때문에 아침 산책을 시작하였고, 산책을 하면서 만나게 된 많은 이웃 친구들이 생겼으며, 매일 상쾌한 아침 공기를 한가득 마시고 하루를 출발하게 되었다. 나는 스누피를 데려왔던 유기견 보호소에서 3마리를 더 입양했다. 한쪽 눈을 실명한 톰은 사람들을 기가 막히게 잘 구별해낸다. 안절부절못하는 정서불안 증세가 심했던 제리와 밤비는 지금은 점차 안정감을 찾아가고 있다. 지금 이 4마리의 애견들은 낮이면 정원을 종횡무진 뛰어다니고, 일광욕을 하며 낮잠을 즐기곤 한다. 가족이 늘어나니 스누피로 인해 얻었던 즐거움이 이제 4배가 되었다.

  나는 5년 전 『5년 후 내가 나에게』를 공동 집필한 이후 글 쓰는 시간, 엉덩이를 붙이고 앉아 있는 시간을 매일 꾸준히 실천하고 있다. 이 습관 덕분에 원고 마감시간을 지키기 위해 전전긍긍하지 않게 되었다. 그간 4권의 수필집과 2권의 소설을 출간하였고, 매년 문예지에 연 4회 원고를 쓰고 있다. 작가님들과 공저로 출판한 도서도 벌써 여러 권이다.

  생각보다 인세 수입도 적지 않다. 어쨌든 그 인세로는 도서관과 보육시설, 산간지역의 작은 학교에 매년 필요한 도서들을 지원하고 있다. 그리고 작가를 꿈꾸는 가난한 청년들을 지원하고 있다.

  다음 달부터는 교회에서 '찬양예배' 반주를 맡게 된다. 5년 전 같은 교회 집사님에게 일주일에 두 번씩 CCM 반주를 배우면서 집에서도 매일 30분을 연습했는데, 벌써 연주할 수 있는 곡이 두꺼운 악보집 3권이 되었고, 꽤 그럴싸하게 풍성함을 더하는 곡도 20곡은 된다. '매일 30분' 연습의 효과는 무시할 수 없는 결과로 나타났다. 54세의 나이에 반주자로서 첫 데뷔라니! 피아노 전공자와 피아니스트들을 제치고 나에게 이런 기회가 주어지다니 감개가 무량하다. 애정과 열정을 가지고 맡은 일에 임한다면 어떤 방식으로든 어떻게든 멋진 결과가 이루어지는 것 같다.

  뒤돌아보니 그동안 참 많은 일들이 이루어졌다는 것을 알게 되었다. 헬스 케어 사업도 성공적으로 이루어지고 있으며, 계획했던 대로 나눔의 공간도 완성되었고, 나눔과 봉사를 실천할 수 있었으며, 소설가의 꿈도 이루었고, 교회 반주자로 데뷔하게 되는 행운도 얻게 되었다.

  꿈을 꾸고, 계획을 세우고, 매일매일 꾸준한 연습으로 만들어낸 좋은 습관이 오늘 내게 행복한 삶의 열매를 맺게 해주었다. 이 행복을 주위에 나누며 나는 또 새로운 계획을 세울 것이다. 그리고 나의 삶을 글로 그려내는 일을 지속할 예정이다. 그보다 더 좋은 일은 없기에!

5년 후 오늘, 나의 하루

키다리 가족의 미라클 하루

2026년 4월 어느 일요일

오늘따라 창밖의 새소리가 유난스럽다. 아침부터 무슨 좋은 일이라도 있는지 창문으로 들어오는 아침 햇살과 어우러진 그 지저귐 소리가 듣기 좋다.

머리맡에서 알람시계의 노랫소리가 들려오기에 기지개를 켜면서 고개를 살짝 들어 보니 그 작은 천사는 벌써 6시 하고도 17분을 가리키고 있다. 부드럽고 포근한 이불 속에서 미끄러지듯이 빠져나온다. 새들의 시끄러운 떼창에도 아랑곳하지 않고, 커튼 사이로 줄기차게 뻗어 들어오는 햇살 줄기도 느끼지 못하는 듯 남편은 너무도 곤히 자고 있다.

휴대폰을 침실로 가지고 들어오지 않은지 벌써 3년이 되어간다. 침대에서까지 많은 일들을 손에서 놓지 못했던 나였기에 침실을 온전한 휴식공간으로 만들기 위한 최선의 방법이었다.

 살짝 문을 열고 거실로 나가 커튼을 젖히자 거실을 관통하여 부엌 끝까지 눈부신 햇살이 쏟아져 들어온다. 늘 혼자 맞이하는 아침시간과 익숙한 거실이지만 오늘은 뭔가 느낌이 다르다. 일주일 동안을 기숙사에서 지내다가 어젯밤에 돌아온 고3인 농구선수 딸과 올해 고등학교에 입학하면서 기숙사 생활을 시작한 태권도 선수 아들이 방에서 자고 있기 때문이다. 우리 가족 모두가 한 곳에 모여 있으니 집안이 꽉 차 풍성해진 기분이다.

 거실 복도 맨 끝 현관 앞쪽에 있는 아들 방의 문을 살짝 열어 보았다. 암막커튼 덕에 한밤중처럼 캄캄하다. 발이 침대 밖으로 삐져나올 정도로 키가 훌쩍 커버렸지만 나에게는 여전히 귀염둥이 작은 아들이다. 잘 보이지도 않는 어둠 속에서 혹시 요 며칠 동안 다친 곳은 없는지 자는 얼굴을 가만히 들여다보았다.

 큰딸의 방문도 열어 보았다. '딱 모델이나 했으면 좋겠구먼, 힘들게 무슨 운동을...' 올해 드래프트(draft: 프로 팀에서 신인 선수를 선발하는 일)를 앞두고 총력을 기울이고 있는 딸 앞에서는 감히 꺼내지도 못할 말을 혼자 입속에서 중얼거리며 행여 한 줄기의 빛이라도 들어올까 침대 쪽 커튼으로 창을 완벽히 여민다. 오늘 만이라도 푹 자기를 바라는 마음으로.

 그냥 지나칠 수 없지, 나의 마스코트 베이비 막내딸! 나의 침실과 마주하고 있는 방문을 열었다. 올해 중학교에 입학했는데도 여전히 잘 때는 엄지손가락을 입에 물고 있다. 손가락을 살짝 입에서 빼주자 입을 한두 번 빠는 듯 옴찔거리더니 이내 편안해진다.

아침에 눈을 뜨면 거실 창가에서 마음을 가다듬는 시간으로 햇살 목욕을 해왔다. 그냥 쭉 기지개를 켜는 것으로 몸을 활기차게 깨우는 1분의 시간, 그러고 나서 물 한 잔과 유산균 한 포를 입에 털어 넣는 것으로 하루를 시작하곤 한다.

벌써 5년째 아침마다 신문에 사인펜으로 줄을 쳐가며 관심 있는 기사를 읽고 있다. 늘 출근하면서 신문을 들고 나갔었는데, 직장을 그만두자마자 가장 먼저 한 일이 신문을 거실에 크게 펼쳐놓고 활자 쇼핑을 하는 일이었다. 하지만 오늘은 신문이 오지 않는 일요일이므로 내가 마치 신문을 대신하듯 거실 바닥에 큰대자로 누워 상쾌함을 온몸으로 느껴본다. 모닝커피를 마시면서 즐기는 이 시간은 가족들이 깨어나기 전까지 온전히 나만의 시간이다. 특히 오늘 같은 일요일에는.

햇살 샤워, 신문 읽기, 모닝커피, 그리고 페이지 수에 얽매이지 않는 독서. 이 모든 것이 5년 전부터 실천한 나의 '미라클 모닝' 루틴이다. 10년 전쯤 『미라클 모닝』이라는 책을 읽고 새벽 5시에 일어나서 나름 루틴을 만들려 했지만 1주일을 채 못 채우고 포기해 버린 적이 있었다. 그런데 5년 전 그 책을 우연히 다시 읽게 되면서 나만의 새로운 심플한 루틴을 설계할 수 있었다.

그 당시 나는 박사논문을 쓰면서, 강의에, 상담에, 새로운 사업까지 추진을 하던 터라 직장을 그만 두면 시간적 여유가 생길 것이라고 생각했는데, 여유는커녕 오히려 초를 달리며 하루하루 정신없이 보내기 일쑤였다. 무언가 하지 않으면 오히려 불안해지는 이 강박증 때문에 자꾸 일을 벌여서 매일이 무언가의 데드라인이었던 것이다.

아무 생각 없이 바쁘게 일에 쫓기며 시간만 보내왔던 어제의 구태와 습관에서 벗어나 나를 멋있고 가치 있게 만들며 살아가기로 다짐했던 날, 나는 오늘만 사는 하루살이가 아니라 내일도, 모레도, 미래도 살아가야 하는 '나'라는 것을 깨달았다.

『미라클 모닝』의 저자 할 엘로드은 교통사고를 당하고 영구적인 뇌 손상과 심한 골절상을 입어서 다시 걸을 수 없다는 진단까지 받았으나 이를 극복하고 베스트셀러 작가, 영업의 달인, 그리고 세계적인 동기부여 전문가로 거듭났다.『미라클 모닝』을 다시 읽으면서 어쩌면 내가 그리는 새로운 미래가 그와 비슷할지 모른다는 생각이 들었다. 그가 어려운 상황에 처했을 때 '미라클 모닝'을 통해 그 현실을 타개하고 새로운 미래를 그려나갈 수 있었듯, 나 또한 작가와 사업가, 학자로서 정돈된 모습이 필요했다.

앤디 워홀(Andy Warhol)은 "시간이 지나면 자연히 변한다고들 하지만 자기 스스로 바꾸지 않으면 아무것도 변하지 않는다."고 하였다. 시간이 갈수록 나는 자연스럽게 늙어가겠지만, 가만히 나이만 든다고 무엇이 되는 것은 아니라는 말이다.

아들 방의 문이 열리기에 아들이 벌써 일어났나 싶었는데 어슬렁거리며 입을 쩍 벌리고 하품을 하며 나온 것은 애견 스누피다. 나는 스누피 덕분에 동네 한 바퀴를 돌며 늘 마음에는 있었지만 실천에 옮기지 못했던 '아침 산책'을 시작할 수 있었다.

스누피와 아침 산책을 마치고 돌아오는 길에 '유기농 베이커리'에 들러 가족 모두가 일어나면 먹을 수 있도록 식빵과 치아 버터 바게트를 사고, 샐러드와 생크림도 구매한다. 계란 프라이와 베이컨, 그리고 ABC(사과, 비트, 당근)주스까지 제법 괜찮은 브런치가 준비되었다.

가족이 모두 함께 교회에 가게 되니 마음이 벅차다. 여느 때처럼 우리 가족이 다함께 교회에 들어서니 교인들은 '키다리 가족'의 등장을 재미있다는 시선으로 바라보며 인사를 한다. 나는 사람들의 그런 관심과 시선이 싫지 않다. 남편의 키는 196cm, 고3 딸은 187cm, 고1 아들은 195cm(우리 아들이 그러고 보니 어느새 아빠와 어깨를 나란히 할 만큼 컸구나!), 중학생이 된 막내딸도 이미 170cm가 넘었으니 사람들의 반응에 익숙해진 지도 이미 오래다.

모처럼 다섯 명의 가족이 오후에는 가까운 교외로 나가 바람도 쐬고 식사도 한다. 오늘은 우리 가족의 나들이를 위해 하나님께서 준비를 해 주셨는지 화창하고 따뜻한 봄 날씨다.

야외 카페에 모여 앉아 이제는 훌쩍 커버린 아이들이 서로의 이야기를 나누고 있다. "농구가 힘들다.", "태권도가 더 힘들다.", "뭐니 뭐니 해도 공부가 제일 힘들다."며 셋이서 자신들의 어려움과 힘듦을 토로하며 갑론을박을 펼친다.

그 모습을 보고 있으려니 옛날 생각이 났다. 아이들이 어렸을 때 나는 육아와 살림에 지쳐 몸도 아프고 우울증세도 심해져서 어느 날엔가는 그냥 내가 세상에서 없어졌으면 좋겠다고 생각했던 적이 있었다. 옆에서 자고 있는 세 아이들은 어쩌나 고민도 했지만 내가 세상을 떠나는 것으로 억울함의 복수를 해버리고 싶기도 했었다.

하지만 예나 지금이나 내가 이 세상에 태어나 가장 잘했다고 생각하는 일은 남편과의 사이에서 이 아이들을 낳은 것이다. 남편과 나란히 앉아서 아이들을 바라보고 있으니 충만한 행복감이 느껴진다.

전화가 울린다. 이번에 내가 쓴 두 번째 소설을 세상에 내어줄 출판사 편집장이다. 2017년에 수필로 등단을 했을 때부터 나는 늘 소설을 쓰고 싶었다. 나를 드러내고 싶지 않은 나에게는 소설이 잘 맞는 것 같았다. 등장인물 속에 나를, 그를, 그녀를 통째로 넣어도 왠지 들키지 않을 것 같기 때문이다. 어쩌면 내가 하고 싶은 이야기가 많아서 그런 것일지도 모르겠다. 이렇게 될 수 있었던 것은 5년 동안 매일 엉덩이를 붙이고 앉아 글을 쓰던 하루의 30분 덕분이었다.

꿈이라는 것은 실체가 없다. 그래서 더 첫발을 내딛기가 망설여질지 모른다. 하지만 크든 작든 '한 걸음'을 내딛기만 한다면, 안개에 가려져 있는 것처럼 희미하던 것들이 윤곽을 조금씩 드러내면서 행동으로 옮길 수 있는 용기와 에너지를 준다. 그제야 비로소 바라는 것에서 그치는 것이 아닌 행동하는 꿈이 된다.

2020년에 시작했던 '바이오 헬스 케어' 비즈니스가 계획대로 올해

5000억 매출 시장의 고지를 눈앞에 두고 있다. 손에 잡힐 듯 잡히지 않던 다음 단계로의 도약은 과거의 개인적, 직업적인 성과를 훨씬 뛰어넘는 성공을 거둘 수 있도록 이끌어 건강과 행복감, 좋은 친구들과 경제적인 여유로움을 누리는 오늘의 현실을 선물로 주었다.

저녁에 두 녀석은 다시 학교 기숙사로 들어간다. 일주일간 또 이별이다. 아쉽지만 한편으로는 다시 홀가분해지는 느낌이 든다. 그런 기분을 느끼는 것이 괜히 미안해져서 과장된 아쉬움을 표한다.

내일은 00보육원에서 내가 후원하고 있는 예쁜 12살짜리 딸을 집으로 데리고 올 것이다. 약 한 달간 우리 집에 머무를 예정이다. 벌써부터 막내는 동생이 온다고 좋아하고 있다. 내일 아침에는 '미라클 모닝'을 마치자마자 청소로 하루를 시작해야 할 것 같다. 예쁜 딸을 맞이하기 위해.

5년 후 내가 나에게

흔들리며 자라난 나무

To. 세영아!

  2021년, 유난히도 바람이 많이 부는 어느 토요일 오후에 아파트 정원 벤치에 홀로 앉아있던 네 모습은 마냥 여유로워 보이지만은 않았단다. 텀블러에 담긴 커피를 마시며 책을 읽고 있던 그 모습이 왠지 쓸쓸하고 외로워 보였다고 할까? 바람에 흔들리는 나뭇잎들 사이로 햇살은 너를 비춰주었지만 그 쌀쌀한 날씨가 너의 마음까지 춥게 만든 것이었을까? 충분히 에너지 넘치는 너이지만 그날만큼은 왠지 외줄타기를 하는 것처럼 위태로워 보였기 때문이야.

  살면서 지금까지 오지 못할 뻔한 여러 번의 고비가 있었지만 그때마다 사랑스러운 내 아이들에게서 나를 지탱할 수 있는 힘을 얻곤 했지. 오늘 아침에는 '어버이날'이라고 눈을 뜨기도 전에 막내가 침대로 와서 안마를 해주었어. 중학생이 된 지금도 막내는 여전히 아기 같은 눈웃음을 지으며 "아이고 우리 엄마, 어쩜 이리 이쁠꼬~" 하고 나의 말투를 그대로 흉내 내면서 애교를 부리곤 한단다. 키는 나보다도 훨씬 커버렸는데 지금도 얼마나 귀엽고 사랑스러운지.

큰 아이와 둘째가 아침을 준비하고 있는 모양인지 부엌에서 달그락달그락 요란한 소리를 내고 있는 동안 막내가 우리 부부를 붙잡아 두기로 했나 봐. 어제 저녁엔 남편과 둘이서 오래간만에 와인을 한 잔 마시고 잤는데 아이들 덕분에 오늘 아침은 늦장을 부려도 좋을 것 같아.

우리 부부는 여전히 연인처럼 지내고 있어. 아이들 없이 둘만 가끔 데이트를 할 때면 사람들이 우리를 부부로 보지 않는다는 것이 느껴져. 엄밀히 말하면 불륜관계로 보는 것 같은데 그것은 아직도 우리가 서로에게 꿀이 뚝뚝 떨어지는 사이임을 반증하는 것이라고 할 수 있겠지? 그런 시선도 어느새 익숙해져서 지금은 우리도 살짝 즐기고 있는 것 같아. 남편은 머리가 희끗희끗해졌는데 그것이 잘 어울려. 굳이 염색을 하지 않아도 멋있다고 내가 계속 얘기해 주고 있어. 나는 열심히 새치염색을 하고 있지만 말이야.

요즘은 아침에 눈을 뜨는 것이 얼마나 즐거운지 몰라. 모든 것이 잘 정리된 주변을 보면 상쾌함이 내 온몸을 감싸는 것 같아. 아침에 눈을 뜨자마자 두근거리는 심장 때문에 입에 약을 털어 넣었던 예전의 너를 생각하면 지금도 눈물이 난다. 무엇이 너를 아등바등 살도록 했는지, 무엇이 너를 초조하게 만들었는지, 아침에 일어나면 언제나 밀린 일들이 기다리고 있고, 하루 종일 동서남북으로 분주하게 다녔어도 늘 무언가 못 다한 일을 남긴 채 선잠을 자야했던 너였지. 겉으로 보기에는 항상 바쁘게 많은 일을 소화해내며 대단하다는 소리를 듣는 네가 대견하기도 했지만 늘 안쓰러웠어.

하지만 지칠 법한데도 쓰러지지 않고, 포기하지 않고 노력해 준 덕분에, 그때의 네가 잘 버텨준 덕분에 지금의 나는 아주 편안히 잠을 자고 너무도 행복하게 아침을 맞이하고 있단다.

내가 항상 얘기했었지? 불확실한 미래도 결국 내 것이라고. 오히려 불확실한 미래 때문에 판도라의 상자 속에 남겨진 희망이라는 끈을 놓지 않을 수 있었던 것 같아. 아니, 어쩌면 그 불확실한 미래를 확실하게 펼쳐보고 싶어서 바쁜 삶을 멈출 수 없었는지도 몰라.

어릴 때부터 가슴속에 묻어두었던 원망과 미움들 때문에 내 자신이 힘들었지만 그 원망은 내가 바라는 삶이 있다는 것을 깨닫게 해주었고, 그 미움 또한 나약함으로부터 나를 지킬 수 있는 힘을 주었던 것 같아. 그리고 모든 것을 놓아버리고 싶었던 그 순간에 건강과 하나뿐인 생명의 소중함을 알게 되었지. 그 깨달음들이 나를 스스로 보살피게 했으며, 내가 삶의 주인이 되어 중심을 잡게 된 이후에야 내가 보살펴야 할 사람들이 눈에 들어왔어.

또 세 아이를 양육하면서 시간은 나를 기다려 주지 않는다는 것을 알게 되었고, 인생에 있어서 가장 중요한 시간은 '지금 이 순간'이라는 것도 다시금 알게 되었지. 인생은 심어놓기만 하면 저절로 자라는 나무가 아니기에 나는 집을 짓는다는 마음가짐으로 벽돌을 한 장씩 차근차근 쌓아 올리게 되었어. 그 세월이라는 것이 사람을 변하게 하더군. 앞만 보며 달려오느라 다른 사람의 마음을 헤아리지 못했던 내가 보였어.

2026년의 내가 2021년의 너에게 해주고 싶은 말은, 과거에 너무 얽매여 있지 말라는 거야. 누구나 실수는 할 수 있고, 자신도 모르는 사이에 서로에게 상처도 주고받는 거야. 그 일들에 얽매여 있으면 결국 네가 정말 힘들게 되고, 관계적으로도 발전하지 못하게 되는 것 같아. 단순히 그 자리에 머물게 되는 것만이 아니라 오히려 뒷걸음을 치게 되는 것이지.

가족들과의 관계에 있어서는, 미우나 고우나 가족들에게는 잘 해야 후회가 없을 것 같아. 나에게는 큰 의지가 되는 남편이 있고, 살아갈 힘을 주는 귀한 세 아이들이 있지. 내게는 가장 소중한 가족이야. 그리고 다른 가족들 또한 내게 소중한 존재지. 어쩌다 한 번씩 서운함 때문에 미운 마음이 드는데도 "미운 아이 떡 하나 더 준다."는 심정으로 미운 사람에게 더 잘 해주려고, 하나라도 더 챙겨주려고 했던 마음 때문에 얼마나 힘들었니? 너무 과하게 애쓰지 말고 그냥 마음 편히 할 수 있는 데까지만 하자. 어쩌면 가족은 가장 가까이에 있기에 소중함을 모를 수도 있다는 생각이 들어. 다른 가족들을 대할 때는 마치 손님을 대하듯 정성껏 대하기만 하면 되는 것 같아. 원만한 관계를 만드는 데 필요한 '적당한 거리'를 두고, 무엇보다 네가 중심이 되어야 한다는 걸 이야기해 주고 싶어.

지금까지 삶에 크고 작은 어려움도 많이 있었지만 너는 정말 잘 해냈단다. 무너지지 않고 마음을 다잡고 가족들을 격려하면서 늘 배려하고 이해하려고 애쓰는 너의 그런 따듯한 마음을 내가 제일 잘 알고 있잖아. 계속해서 자신과 싸워오며 지금의 내 모습을 있게 해준 너를 칭찬한다. 나는 좋은 아내, 좋은 엄마임이 분명하고, 대견한 딸이었음을 기억하자!

공기는 보이지 않지만 우리를 숨 쉴 수 있게 하고, 사랑은 만질 수 없지만 우리를 웃고 울게 하는 것처럼 모든 것이 보이는 게 다가 아니라는 것을 시간이 흐르면 우리는 알게 되지. 나이가 든다고 해서 저절로 나잇값을 하게 되는 것은 아니지만 그래도 나이는 그냥 먹는 것은 아니라는 것도 새삼 느끼게 되었단다. 5년의 나이를 더 먹으면서 그만큼 내가 더 성숙해졌기 때문이지.

용기를 내어 도전했던 헬스 케어 사업도 승승장구하고 있고, 그 덕에 늘 꿈꾸던, 많은 사람들과 함께하는 나눔의 공간 '해피트리 심리연구소'도 멋지게 만들어졌어. 부모님들은 80세가 다 되셨어도 내가 정성껏 돌봐드린 덕분에 지병 없이 건강하시고, 아이들도 각자의 자리에서 자신의 역할들을 대견하게 잘 해주고 있어. 큰 아이는 이미 청소년 대표로 선발되어 국제 대회에 출전 중이고, 둘째도 올해 00체육고등학교 태권도부에 스카웃이 되었어. 스스로 하고 싶은 일을 알고 정진해나가는 모습은 나를 닮았는지도 모르겠어.

인간의 삶은 어쩌면 불안한 미래를 향하고 있기 때문에 매력적이라고 할 수 있을 것 같아. 세상에 그 어떤 것도 완벽할 수 없고, 완전할 수 없으니 당연히 모든 것은 불완전에서 시작하게 되지. 하지만 불완전한 것이야 말로 완전한 것이라고 할 수 있지 않을까?

자, 이제부터는 마음의 밭에 긍정의 씨앗을 심고 너를 좀 더 편안하게 놓아주기를 바랄게. 조금 느리면 어떻고, 조금 모자라면 어때? 그리고 모든 것을 다 움켜쥐고 완벽하게 하려고 하지 않아도 돼. 언젠가 지도 교수님께서 너에게 "여의주는 한 개만 가지고 있어야 승천할 수 있다."고 하셨던 말씀 기억하니? 품고 있는 10개의 여의주를 하나라도 놓치지 않으려고 너무 힘겨워하는 이무기로 남아 있지 않기 위해서는 많은 것을 내려놓을 줄도 알아야 할 거야.

그저 너의 모습 그대로 편안하고 건강한 모습으로 당당하게 걸어와 줘. 나는 너보다 5년 먼저 이 순간을 즐기며 기다릴게. 흔들리며 자라는 나무처럼 늘 흔들리지만 쓰러지지 않는 백세영! 너를 격하게 응원한다!

내 인생의 흑백사진 한 장
시어머니와 나란히 병상에 누워

5년 후 삶의 모습
나눔 마케터

5년 후 오늘, 나의 하루
여전히 감사한 하루

5년 후 내가 나에게
감사는 나의 힘

안순화

- 수화파이프대표, 북카페 매니저, 상담학 박사
- ㈜원원긍정변화컨설팅 교수, 성품트레이너, 스마트활용지도사, 경력단절여성멘토
  범사에 감사가 흐르도록 삶과 일상에서 재능과 모나리자몰 나눔을 실천한다
- 저서: 『스마트한 현대인들을 위한 스마트폰활용지침서』 외 2권

내 인생의 흑백사진 한 장
시어머니와 나란히 병상에 누워

"어머니, 죄송해요."
"아니야, 괜찮아. 난 괜찮아, 네가 놀랐지?"
2006년 4월 5일, 시어머니와 나란히 병실에 누워있었던 장면이 가슴속에 사진처럼 선명하게 남아있다. 시어머니! 남들은 시어머니를 어렵고 불편한 존재로 여긴다지만 나에게는 친정어머니보다 더 살가운 존재다. 지금까지 시어머니가 늘 옆에 계신 것에 대해 감사하며 살아왔다. 시어머니와의 관계는 내 인생의 오랜 연습과 공부의 과정이었다. 시어머니와 살면서 나는 나 자신의 감정을 슬기롭게 다스리기 위해 늘 애쓰며 지냈다.
아버지의 사랑을 받지 못하고 자란 나는, 고등학교를 졸업하고 입사한 첫 직장에서 마냥 잘 해주는 남편에게 이끌려 덜컥 결혼을 하게 되었다. 친정에서는 시골에 가서 시어머니를 모시고 살아야 한다는 것과 남편의 나이와 생활력 등을 문제 삼아 나의 결혼을 거세게 반대했었다. 하지만 나는 반대를 무릅쓰고 결혼을 했고, 홀시어머니를 모시며 신혼생활을 시작했다. 그때 우리 시어머니는 60세였다.

우리가 살던 곳은 청주 시내에서도 한참 떨어진 시골이었다. 부엌은 옛날 재래식으로, 밥을 하려면 아궁이에 땔감으로 볏짚을 태워 불을 피워야 했다. 새벽밥을 드시고 6시면 들일을 나가시는 시어머니를 위해 며느리인 나는 아침 일찍 일어나서 밥을 했다. 시어머니는 아침밥을 드시고 나면 파란 시장바구니에 도시락과 호미를 챙겨 일을 나가셨다. 그런 시어머니의 뒷모습을 보면서 하루 종일 땡볕에서 들일을 하실 시어머니를 생각하니 젊은 내가 집에 있는 것이 마음이 편하지 않았다. 남편 말에 의하면 시어머니는 앞을 못 보시는 할머니를 모시면서 고생을 정말 많이 하셨다고 한다. 게다가 시어머니는 젊은 나이에 뇌혈종으로 쓰러지신 적도 있다고 했다. 그 말에 나는 겁이 덜컥 났다. '저렇게 일하시다가 또 쓰러지시면 어떻게 하지?' 하는 생각이 들었다.

그래서 나는 시어머니께 "어머니, 어머니가 집에서 살림을 해주시면 제가 직장을 다녀서 빚을 갚겠습니다."하고 말씀을 드렸다. 그런 내 제안에 시어머니는 무척 좋아하셨다. 그때 우리 마을에 있던 부도난 공장을 한 폴리텍 회사가 인수했다. 그 회사에 입사원서를 냈고, 면접을 보고 바로 창업 멤버로 일하게 되었다. 그리고 오직 빚을 갚겠다는 일념으로 낮에는 회사에서 온종일 일하고 밤에는 집으로 일거리를 가지고

와서 늦은 시간까지 부업 일을 하였다. 가난한 시집을 일으켜보겠다고 몸이 축나는 줄도 모르고 밤낮으로 뛰었다. 이제 갓 결혼을 한 새색시로서는 힘들고 지치는 일상이었다. 나는 의지할 곳을 찾아 집 근처에 있는 교회에 나가기 시작했다. 신앙생활을 하면서, 시어머니의 지병이 도질까 걱정이 되어 시어머니가 물리치료를 받으실 수 있도록 남편과 번갈아 병원에 모시고 다녔다. 그때는 시어머니의 회복을 위해 하루도 빠짐없이 기도하며 극진히 모셨다. 이런 모습을 본 동네 어르신들은 새댁인 나를 격려해 주시고 칭찬해 주셨다. 그렇게 열심히 살다 보니 빚도 조금씩 줄어들고 살림도 점점 나아졌다. 덕분에 시어머니와의 관계도 점점 돈독해졌다.

지금부터 15년 전, 시어머니가 80세 때의 일이다. 그 무렵 어머니는 백내장 수술을 받으셨는데 마지막으로 병원 진료를 받고 돌아오는 길이었다.

"어머니, 괜찮으세요?"

"응. 아프지도 않고 잘 보이니 너무 좋다!"

그때 안과 병원에서 나오면서 하신 시어머니 말씀에 가슴이 뭉클해서 나도 모르게 눈물이 핑 돌았다. 시어머니의 주름살을 보고도 그랬지만 시어머니와 함께했던 세월의 기억들이 한꺼번에 몰려왔기 때문이었다. 잔정이 그토록 깊어진 것에 놀랐다. 나는 시어머니의 손을 지긋이 잡고 기도했다. '하나님, 감사합니다. 어머니께서 수술이 잘 되어 감사하고요. 이렇게 다리에 힘을 주셔서 걸으실 수 있다는 것에 감사하고

요. 어머니와 함께 손을 잡고 병원 문을 나설 수 있게 해주셔서 진심으로 감사드립니다.' 감사의 기도가 저절로 내 맘속에서 흘러나왔다. 감사하는 마음이 내 속에서 싹트기 시작한 시점이었다.

 하필 그날 시어머니를 차에 태우고 집으로 돌아오던 중에 내가 졸음운전을 하는 바람에 차가 중앙선을 침범해 교통사고가 났다. 순간적으로 정신을 잃었던 나는 뒤늦게 팔목이 골절되었다는 사실을 알았다. 그때 갑자기 뒷좌석에서 "우리 며느리, 우리 며느리!"하는 시어머니의 애타는 음성이 들렸다. 시어머니는 사고로 다리가 골절되었다. 시어머니와 나는 수술을 받고 같은 병실에 입원했다. 수술에서 깨어나 정신이 들어서야 나는 옆에 누워계시는 시어머니를 보며 "어머니, 죄송해요." 하며 말을 건넸고, 시어머니는 "아니다. 괜찮아, 난 괜찮아. 네가 놀랐지?"하면서 오히려 나를 위로해 주셨다. 이렇게 우여곡절을 함께 겪으면서 시어머니와의 정은 점점 깊어졌다. 며느리에게 하시는 마음 씀씀이가 점점 살갑게 다가오고 시어머니가 곁에 있다는 사실만으로 그렇게 행복할 수가 없었다. 그때부터 '시어머니와 나란히 병상에 누워있던 모습'은 내 마음에 흑백사진처럼 새겨졌다.

 얼마 전 99세에 돌아가신 동네 어르신 장례식장에 남편과 함께 다녀왔다. 시어머니와는 단짝 친구였던 분이다. 시어머니는 친구가 돌아가셨다는 말에 힘없이 이불 속에 들어가서 누워계셨다. 이제는 이 동네에서 우리 어머니만 유일하게 살아계신다. 내가 시골 오송 중평(동평, 서평 중간 동네)이라는 동네에서 살아온 지도 벌써 33년이 넘는 세월이 지났다. 시어머니와 함께한 세월이었다. 전에는 집집마다 어르신들이 많이 계셨지만 세월이 지나고 보니 다 돌아가시고 시어머니만 남으셨다.

나는 시어머니를 내가 모실 생각으로 요양보호사 자격증을 취득했다. 아침을 차려 놓고 방문을 열면 힘겹게 옷을 입고 계신 시어머니를 본다. 94세 된 시어머니의 모습을 보면서 나를 돌아보게 된다. 또한 여자의 인생을 돌아보게 된다. 잘 해보려고 애썼지만 늘 좌충우돌하던 마음은 다잡아지지 않았다. 열심히 살고 있지만 내가 제대로 잘 살고 있는지 가늠할 수 없었다. 나는 부지런하고 의욕이 넘치는 성격이어서 무슨 일이든 밀어붙이면서 뒤늦게 반성하고 또 시작하고 반복하며 살아왔다. 그러던 어느 날 나는 멈추어 서서 '어머니와 나란히 병상에 누워 있던 나'를 통해 쉼표를 찍듯 나를 돌아보게 되었다. 시어머니의 따뜻한 눈빛은 많은 말을 하지 않았지만 늘 이렇게 말해주는 듯했다. "우리 며느리 애쓴다. 부지런하다. 소중하고, 고맙다"

나는 그 힘으로 늘 '감사'를 생활화하게 되었다. 후회보다는 반성으로 나 자신을 다잡았다. 내가 흔들리지 않기 위해 열심히 건강을 챙겼으며 누군가를 지적할 일이 있을 때도 한 템포 쉬며 질문을 했다. 배우고 싶은 열정을 놓을 수 없어 닥치는 대로 읽고 공부하며 가슴에 와 닿는 대로 내 것으로 받아들였다. 어떤 시련도 감사로 받다 보니 "시련은 빛이 들어오는 문"이라는 말이 실감 났다. 시련도 내 마음속에서 행복으로 가는 하나의 길이라고 생각한다. 행복은 항상 현재, 이 순간, 바로 내 마음속에서 어떻게 생각하느냐에 달려있다는 생각이 든다. 주어진 하루는 나를 위한 선물이라는 생각으로 오늘도 살아간다.

   수시로 주인을 농락하던 내 '분주한 마음'은 이제 차분하게 가라앉았다. '감사'를 삶의 사명으로 깨닫게 해준 시어머니와 흑백사진 한 장이 준 선물 때문이다. 가장 불편할 수 있는 시어머니와의 동행 30년! 그 힘으로 나는 주는 방법, 내가 책임지는 방법, 타인을 인정하는 방법을 배웠고 감사할 줄 아는 사람이 되었다.

5년 후 삶의 모습

나눔 마케터

2026년, 나는 내 삶의 주인으로 지난 5년을 멈추지 않고 살아왔다. 2021년에 비해 5년이란 나이를 더 먹게 되었지만 나는 여전히 맑은 눈빛과 여유로운 마음 그리고 설렘을 유지하고 있다. 나이 듦은 익어가는 일, 성숙해가는 일이라는 사실을 실감한다. 누가 뭐래도 나는 그동안의 내 삶에 성공했다고 말할 수 있다. 삶의 목표를 정하고 종잡을 수 없었던 '마음'을 다스리며 마음의 주인으로 사는 방법을 꾸준히 실천해온 덕분이다.

첫째, 건강관리의 실천이다. 무엇보다도 건강은 인생 후반기의 축복이다. 나는 운동을 즐기는 사람이 되었다. 탁구, 에어로빅, 골프, 요가 등 늘 하고 싶었지만 하지 못했던 운동을 지금 나는 마음껏 즐기고 있다. 새로운 운동에 도전하며 꾸준히 지속한 결과 나는 5년 전 못지않게 건강해졌으며 몸과 함께 마음도 강건해졌다. 운동을 통한 건강관리의 실천은 나의 성공 목록 1호이다.

둘째, 새로운 사업의 성공이다. 2018년 퇴사 후 시작하게 된 사업이 내 후반부 인생을 가슴 뛰는 삶으로 살아가도록 만들어 주고 있다.

미국의 작가 파크 벤저민이 말했다. "누구나 인생의 주인공이 될 수 있다. 지금도 늦지 않았다. 날마다 푸른 하늘을 바라보고 숨을 쉴 수 있는 한 누구에게도 인생 최고의 순간은 주어질 수 있다. 그것만이 아직 오지 않은 인생 최고의 순간을 맞이할 수 있는 유일한 길이다."

30년을 다닌 직장을 그만두고 유통관련 사업의 경력을 쌓으며 시작했던 '모나리자 몰' 사업이 5주년을 맞이했다. 기존 직장에서 퇴사하는 것을 보류해달라고 했을 때 나는 회사 제품 대리점을 할 테니 회사 내에 나의 오피스를 만들어 달라고 제안했다. 회사 내에 개인 오피스를 만들고 그때부터 회사 제품을 홍보하면서 사업에 첫발을 내딛게 되었다. 2021년까지 4년 동안 회사 제품 홍보와 제조사와 관련된 일을 진행하면서 건강식품 사업인 '모나리자 몰'을 받아들이게 되었다. 미래에 다가올 디지털 화폐 시대에 맞는 사업이고 공부도 할 수 있는 좋은 기회로 생각되었기 때문이다.

'모나리자 몰' 사업은 자신감과 용기가 필요한 사업이었다. 새로운 일에 대한 두려움이 앞섰지만 용기를 낼 수 있었던 힘은 꾸준한 글쓰기와 독서를 통하여 나 자신을 객관화하는 습관에서 나왔다. 그 습관으로 인해 나는 새로운 사업을 시작하기 전 제일 먼저 '의미'와 '보람'을 기준으로 삼을 수 있었다. 그리고 그렇게 도전함으로써 나는 인생 최고의 순간을 맞을 수 있었다.

셋째, 나눔을 실천하는 일이다. 3년 전, 내가 살던 곳에 산업화 단지가 조성되면서 집 근처에 3층 건물을 지었다. 1층은 북 카페로, 2층은 사무실로, 3층은 살림집으로 사용한다. 북 카페는 커피를 마시러 오는 사람들에게 나눔과 업무공간으로 운영되고 있다. 이 공간에서 나는 나눔을 실천하며 살아가고 있다.

발족된 지 7년이 된 '흥덕구 발전위원회'는 퇴직한 구청장 등 각 단체에 근무했던 30인이 활동하는 모임이다. 이 모임은 장애단체, 자연재해로 인해 어려움을 겪는 대상자, 사회복지의 사각지대에 있는 분들을 도우며 나눔을 실천하고 있다. 또한 지역사회 복지센터 등에서 어려운 결손가정을 소개받아 1:1 후원을 계속하고 있다. 후원하는 대상은 산업현장의 재해로 부모를 잃었거나 투병으로 생활이 어려운 가정의 자녀들이다. 이들이 가족의 따뜻함을 느낄 수 있도록 개별 맞춤형 후원을 하고 있다. 이 중 초등학교 3학년이었던 한 학생은 벌써 대학을 졸업하여 사회로 진출하였다. 보살피며 정성을 쏟은 만큼 잘 자라주는 아이들이 고맙고 대견하다.

내 삶에 누군가를 돕는 일이 포함되었다는 사실은 내 인생의 중요한 '성공요건' 중의 하나다. 언제나 가족과 자녀들을 위해 억척같은 엄마로만 살아온 나로서는 엄청난 변화다. 사회에서 성공하는 일은 '돈, 명예'를 뛰어넘을 수 없다는 고정관념에 사로잡혀 있던 나는 공저 쓰기 과정을 통하여 '나눔', '배려', '봉사' 등이 진정한 성공의 요건이라는 사실을 깨닫게 되었다.

넷째, 글을 쓰며 봉사하는 사람들과의 만남이다. 나의 봉사활동은 공저 쓰기로 만나 '나눔'의 아이콘이 된 작가들과 교류하며 더욱 빛을 발했다. 5년 전 『5년 후 내가 나에게』 공저 쓰기를 함께한 작가들은 꾸준히 창작활동을 하며 나눔을 실천하는 사람들이다. 작가들의 성공요건에 공통으로 포함된 것이 '나눔과 봉사'라는 사실이 기쁘다. 작가들은 출판 기념행사와 워크숍 등에 참여하여 서로가 봉사하고 있는 부분을 상호 격려하고 지원하고 있다. 또한 정기적인 만남을 통해 새로운 아이디어를 공유하고 있다.

'운동, 봉사, 나눔, 글쓰기'로 내가 누리는 지금의 행복은 5년 전 우연히 보게 된 내 인생의 흑백사진으로부터 시작되었다. '나'라는 사람을 돌아본다는 것, 지금의 나를 나로 보게 되는 것은 내 안에 숨어있던 동력을 찾아내는 일과 같았다. 나는 그런 기회를 가져보지 못한 채 무조건 앞만 보고 질주했었다. '시어머니와 나란히 누워있던 병상'을 떠올리며 나는 알게 되었다. 나는 '따뜻한 사람'이라는 것, 나는 '감사할 줄 아는 사람'이라는 것, 나는 '열심히 사는 사람'이라는 것, 나는 '괜찮은 사람'이라는 것... 단지 아팠던 내 마음이 이런 나를 가로막으며 '진짜 나, 안순화'를 힘들게 했다는 사실을 알고 난 후부터 나는 뒤돌아보지 않고 달려올 수 있었다. 그때 찾은 내 삶의 목표는 '감사하며 사는 것'이었다. 나는 단지 꾸준히 행동으로 실천했을 뿐이다. 사람들이 보는 성공의 기준은 각자 다르겠지만 적어도 성공이 '나이를 뛰어넘는 설렘과 기쁨'이라면 나는 성공자임에 틀림없다.

　5년 전 시작한 건강식품 마케팅 사업으로 나는 지금 풍족한 후반기를 보내고 있다. 매일 매일 배당금이 들어오는 연금식 '모나리자 몰' 사업 또한 나를 가슴 뛰게 한다. 이 사업은 내 인생 후반부를 값지게 살아갈 수 있는 길을 열어주었고 나를 건강부자, 연금부자, 친구부자로 만들어 주었다.

　이제 나는 더 이상 쫓기지 않고 '매순간'을 소중하게 생각하며 '지금, 여기'의 삶에 집중한다. 틈만 나면 여행을 통해 나 자신을 정화한다. 자연과 함께하는 여행은 나에게 삶의 활력과 재미를 준다. 일생 마음을 나누는 친구 하나만 있어도 성공한 인생이라고 했던가? 나는 그런 친구가 적지 않게 있다. 나이가 들수록 친구들을 만나는 것이 정겹고 즐겁다. 나이가 들수록 중요한 것이 '우테크(友tech)'라던데 이 또한 나의 성공한 모습이다.

5년 후 오늘, 나의 하루

여전히 감사한 하루

2026년 4월 25일

　행복한 아침이 밝았다. 달콤한 잠에서 깨어나 창문을 활짝 열고 생동감 넘치는 새벽 기운을 흠뻑 마시고, 여느 때와 다름없이 나를 지금까지 건강하게 지켜준 하루 루틴을 시작한다. 눈을 뜨자마자 크게 기지개를 켜 밤새 굳은 몸을 스트레칭해 주고, 양쪽 손바닥을 30번 비벼 열을 낸 손바닥을 양쪽 눈 위에 올려놓고 안구 운동을 한다. 그리고 자전거 페달 밟는 동작으로 아침운동을 마치고 평상복으로 갈아입는다.
　'모나리자 몰'에서 구입한 삼보 죽염으로 가글을 한 후, 슈퍼바이오 기계에 돌린 부드러운 수소수 한 잔을 천천히 마시며 책상에 조용히 앉아 노트를 펴고 오늘의 다짐을 쓴다.

"'오늘'이라는 활기찬 하루의 선물이 도착했다. 지금까지 내 뜻에 잘 따라주며 단단해진 내 마음에게 감사를 표한다. 오늘 하루도 만나는 모든 사람들과 모든 일들에 감사하며 보내자."

5년 전, 2021년 신축년에 시작한 필사와 독서, 그리고 시를 쓰는 습관은 어느새 나에게 2권의 공동저서와 1권의 시집, 내 인생의 책 『내일도 감사할 나에게』를 선물했다. 책꽂이에 꽂혀 있는 내 저서들을 볼 때마다 뿌듯함과 행복감이 몰려온다. 늘 가족에 대한 책임감으로 앞만 보고 달려온 나에게 글쓰기와 시 쓰기는 커다란 도전이었다. '이런 걸 하면 뭐하나' 하며 부질없다는 생각도 들었고 습관이 되지 않은 글쓰기와 시 쓰기 작업에 부담을 느껴 마음이 불편하기도 했다. 하지만 책을 읽고 글을 쓰며 시를 감상하는 과정에서 점점 '나' 안순화가 보이기 시작했다. 때때로 포기하고 싶었지만 '진짜 나'를 알아가는 시간을 외면할 수 없어 버티며 읽고, 쓰고, 필사하는 일을 멈추지 않았다.

그 덕분에 나를 둘러싼 작은 축복들을 깨달을 수 있었다. 이를테면, 살아있음, 건강한 몸, 계절의 변화, 숨 쉴 수 있는 공기나 마실 수 있는 물, 매일 변함없이 떠오르는 태양 등과 같이 항상 우리 옆에 있어서 당연하게 여겨지던 평범한 것들이 주는 감동과 감사를 알아차리는 내가 되었다. '자연이 주는 잔잔한 감동'은 내가 글을 쓰는 습관을 갖지 않았다면 느낄 수 없었을 것이다.

오늘은 토요일이라 친구들과 산행을 간다. 친구들은 각자 자신의 위치에서 능력을 발휘하고 있으며, 늘 겸손하게 타인을 배려하며 나눔을 갖는 소중한 사람들이다. 친구들과 산행을 하면서 이런 친구들과 연을 맺어 오래도록 변치 않는 우정을 쌓아왔다는 것에 행복하다.

  푸른 나무가 우거진 숲에서 피톤치드를 흡입하며 산림욕을 즐기는 이 순간, 내 몸과 마음도 정화된다. 산행하는 내내 이야기꽃을 피우고 마음껏 웃으며 즐거운 시간을 보낸다. 흐르는 세월을 가로질러 이렇게 오랜 세월을 함께할 수 있는 친구들이 있다는 사실이 감사하다. 친구들은 나의 저서를 다 읽어주었고, 격려와 응원을 아끼지 않았다. 누구보다 나를 잘 이해해주고 응원해주는 친구들과 이렇게 좋은 시간을 가질 수 있게 해주신 하나님께 감사할 뿐이다. 나는 이제 시간에 쫓겨 허둥지둥 살지 않는다. 빵 한 조각이라도 천천히 맛보며 지금의 시간을 즐기며 살아가려고 한다. 60의 나이에 나에게 다가온 이 자유와 여유, 평온은 내 인생에 주어진 커다란 선물이다.

  내 삶의 목표는 내게 닥친 모든 일을 긍정적인 마음으로 받아들이고 감사하면서 실천해 가는 것이다. 나는 책을 쓰는 과정에서 변화를 겪었다. 늘 쫓기듯 바쁘게만 살아오느라 주변의 소중한 것들을 돌아볼 겨를이 없었던 나는 이제 내 가까운 것들에 감사할 줄 아는 사람이 되었다. 이렇게 감사할 줄 아는 사람이 되려는 목표가 있기에 내가 존재한다는 이유로 하루하루 내딛는 나의 발걸음은 내 삶에 의미 있는 흔적을 남길 것이다.

  오늘 저녁은 아들이 할머니를 위해 음식을 하는 날이다. 부모보다 할머니를 더 잘 챙기며 살갑게 구는 아들이 대견하고 고맙다. 게임만 하던 아들을 이해하고 인정하며 폭넓은 대화를 통하여 품을 수 있게 된 것도 글쓰기를 통해 내가 변화된 덕분이다.

하루를 마감하면서 오늘 나는 무엇을 경험하고 얼마나 성장했는가를 생각해 본다. 한 주간의 피로가 친구들과의 산행과 휴식으로 해소되었다. 내 안에서 다시 새롭게 솟아나는 힘으로 내일도 모든 것이 잘될 것이라는 긍정적인 생각으로 여유를 가져본다.

밤은 내 영혼을 위한 안식의 시간이다. 또한 밤은 오늘을 정리하고, 내일을 준비하는 나만의 행복한 시간이다. 이렇게 감사한 하루가 저물어 간다.

5년 후 내가 나에게

감사는 나의 힘

To. 순화야!

　벌써 5년이라는 세월이 1년도 안 된 것처럼 흘러갔네. 5년 동안 정말 열심히 잘 살아온 너에게 칭찬을 해주고 싶구나. 그동안 많은 사람에게 좋은 정보를 주고, 아픈 사람들에게 명품 식품을 나눠주며 소시민을 선한 부자로 만드는 일에 솔선수범하여 '건강부자, 물질부자, 사람부자'로 만들기 위하여 살아오다 보니 5년의 세월이 금세 지나가 버렸네. 공저 과정을 시작하기 전, '모나리자 몰' 사업을 받아들일 것인가, 말 것인가를 고민하던 때가 엊그제 같은데. 지금 생각해 보니 사업을 선택하길 잘했다는 생각이 든다.

　'모나리자 몰' 사업은 기존의 사업영역에 새로운 시스템을 접목한 사업이었기에 더 많은 집중력이 필요했지만 도전하면서 나의 단점을 조금씩 고쳐나가며 끝내 포기하지 않은 것이 여기까지 오게 된 힘이었던 것 같아.

누구나 그렇겠지만 특히 내 안에서는 늘 두 개의 마음이 싸움을 하곤 했지. 실수 없이 잘 해내고 싶은 마음과 나의 능력으로는 역부족인 것 같아서 생기는 불안한 마음, 이 두 감정이 교차할 때마다 마음을 다시 잡아야 했지. 그러고 보니 나는 자주 마음이 흔들렸던 것 같아. 작은 결단을 하는 데도 마음이 혼란스러울 때는 이렇게 다짐하곤 했지. '마음아, 작은 핑계도 꿈의 풍선에 대는 바늘 같은 거야. 꿈을 물거품으로 만들고 싶지 않다면 행동하자.'

지나보니 정말 그랬어. 내가 하고자 하는 일에 대하여 결단을 내리는 데 늘 마음이 걸림돌이 되었어. "할 수 있을까? 실수하면? 네 주제에? 네 능력으로? 시간이 될까? 과연 성공할까?" 등과 같은 수많은 의심과 걱정들은 오랜 세월동안 가족에 대한 책임과 의무 때문에 노심초사하며 살아온 내 마음이 만들어낸 기우와 부정적인 생각들이었지. 하지만 "나는 내 마음의 주인으로 살겠다!"고 선언을 하면서 좀 더 집중할 수 있게 되었어. 나는 마음의 주인으로 살기로 나 자신과 약속했고, 그 이후부터 마음은 늘 결심한 것을 거침없이 행동으로 옮겨주었어. 예측하지 못한 일들에 대해서는 두말없이 기도하면서 기도를 통해 힘을 얻고, 하나님께서 주신 지혜로 해결해 나가며 늘 감사하며 살아왔지.

내 감사에는 늘 시련이 숨어있었지. 어쩌면 그것이 나의 힘이었던 것 같아. 시련이 닥쳤을 때마다 "이만하길 다행이다. 감사한 일이다. 나는 최선을 다했다"라며 노력에 비해 실망스러운 결과가 나타나도 좌절하지 않고 감사로 받을 수 있었어. 그 결과는 언제나 놀라웠지. 감사는 언제나 내게 새롭게 시작할 수 있는 힘과 집중할 수 있는 힘을 주었어. 물론 그 힘은 오롯이 꾸준한 아침 독서와 글쓰기에서 나온 것이기도 해. "글쓰기는 기도"라고 했던 김영돈 코치의 말이 정말 실감 났어.

이제 나는 인생의 후반기에 돌입했어. 나는 이제 시간에 휘둘리지 않는 사람이 되었어. 나는 지금 경제적인 안정, 마음의 평온, 그리고 건강이라는 세 마리 토끼를 잡았어. 물론 그 바탕에는 마음이 제일 큰 버팀목이 되었지. 안정된 마음이 없었다면 어쩌면 지금 이렇게 기대에 가득 찬 글을 쓰지 못했을 거란 생각이 들어. 지금 내가 누리는 이 안정과 평온한 행복감을 네가 5년 후에 누릴 수 있기를 바라지만 결과는 다른 모습일지도 모르겠어. 인생은 한 치 앞을 장담할 수 없잖아.

모습은 달라도 네가 기쁨으로 충만하게 사는 데 필요한 세 가지 비법을 알려줄게. 이 세 가지를 실천한다면 우리는 반드시 더 행복한 모습으로 만날 수 있으리라 믿어.

첫째, 감사를 잊지 마. 감사는 예측할 수 없고 이해할 수 없는 상황에서도 힘과 용기를 주는 '단어'야. 생각이 많았던 내가 이만큼 가정을 지키며 건물주로서 나눔의 터를 이끄는 주인으로 살아올 수 있었던 가장 큰 힘은 감사야. 감사는 어떤 시련도 이겨내는 열쇠거든.

둘째, 보람 있는 일에 투자하며 새로운 일에 도전하는 거야. 가계, 능력, 체력 등 모든 면에서 부족한 게 많지만 나를 이만큼 성공하게 만든 힘은 '보람'이야. 어떤 일을 하던 나는 다른 사람에게 도움이 되는 '보람 있는 일'에 투자했어. 그리고 새로운 일을 시도할 때는 언제나 '그 일이 보람이 있는가?'에 기준을 두었어. '쌓아두고 더 잘 살고, 잘 먹을 수 있는 일'보다는 '보람 있는 일'을 하려고 애썼어. 이런 시도는 늘 내가 일하는 데에 활력소가 되었고 위기가 닥칠 때마다 대범하게 이겨낼 수 있는 힘이 되었어. 보람 있는 일은 늘 가슴을 뛰게 했지. 지금 내가 설레는 삶을 살아가고 있는 이유가 바로 이거야. 이 말을 명심하고 실천하길 바란다.

"인생의 후반기가 되었는데 줄 것이 없다면, 그게 지친 이웃에게 주는 어깨든, 따뜻한 말 한마디든, 물 한 모금이든 상관없이 줄 것이 없다면 그 인생은 남루하다."

셋째, 하루에 두 명 이상과 밝게 웃으면서 소통하는 거야. 아주 소소한 거지만 중요한 이 부분은 마음과 약속한 거야. 삶 속에서 웃음을 잃어버린다면, 알지? 감사도 보람도 들어올 문이 없다는 거.

순화야!

너는 시어머니께 늘 말했지. 연세가 드실수록 옷도 깔끔하고 화려하게 입고, 늘 웃으면서 사셔야 한다고. 그래서 조치원 장날이면 시어머니와 함께 시장에 가서 시어머니에게 화려한 옷도 사드렸고, 좋아하시는 칼국수도 같이 먹고, 시어머니가 이것저것을 고르면서 시장 할머니들과 농담하며 웃는 모습을 지켜보곤 했잖아. 그때 너도 그 옆에서 시어머니의 웃는 모습에 행복해했지. 시어머니와 함께했던 4일장의 시장

나들이는 정말 행복한 추억이야. 집에 돌아와서는 장본 것에 대해 이야기하시고, 사온 옷을 입어보면서 즐거워하고 행복해하시는 시어머니의 모습을 보면서 이것이 진정으로 사는 재미고 행복이라고 늘 이야기했지. 또한 시어머니를 보면서 '나도 저렇게 살아야지'라고 생각하며 함께 즐겁게 지내온 세월들이 지금까지 시어머니와 나와의 관계를 행복하게 이끌어 왔어. 그때 그 시간을 떠올리면 시어머니가 옆에 계신다는 것이 얼마나 감사하고 행복한지 몰라.

이제 나는 사랑하는 가족들과 대화도 나누고, 친구들과 산책하면서 세상 돌아가는 얘기도 하고, 지인들과 식사 모임도 가지며 여유롭게 살아가고 있어. 물론 일은 계속하고 있지. 건강한 현역은 그 어떤 성공보다 값진 거니까. 언제나 지금처럼 하나님께서 주신 '오늘'이라는 선물에 감사하며 하루하루 후회하지 않도록 최선을 다해서 살아간다면, 우리는 행복을 누릴 수 있을 거야.

예측할 수 없었던 인생에서 좌충우돌하면서도 언제나 누구보다 열심히 살아온 안순화! 너의 뚝심 하나로 2026년 지금도 변함없이 나는 당당한 현역이다. 언제나 물러서지 않고 중심을 지켜준 너를 존경하고 사랑한다!

내 인생의 흑백사진 한 장
어머니와 아버지의 사진

5년 후 삶의 모습
제주힐링쉼터

5년 후 오늘, 나의 하루
제주를 품은 시간

5년 후 내가 나에게
'진짜 나'로 살다

오순금

- 제주아라행복강연센터장, 행정학 석사
- 한국자살예방상담센터 제주지부장
- 시조시학 등단(2021 가을호), 전)공무원(정년퇴직)
  하마터면 잃어버릴뻔 했던 '나'를 발견하고 누군가의 힐링터가 되기 위해 활동하고 있다
- 저서: 공저 『명강사 25시』
  공저 시집 『사랑하길 잘 했다』, 『내 안에 그대라는 꽃』

내 인생의 흑백사진 한 장

어머니와 아버지의 사진

'지팡이를 짚은 아버지와 그 옆의 어머니'의 모습이 담긴 이 작은 사진 한 장은 내 가슴속에 평생 살아있다.

내가 다섯 살 되던 해 봄, 어머니께서는 아버지와 4남매를 남겨두고 세상을 떠나셨다. 그래서 할머니와 할아버지께서 우리를 키워주셨다. 나는 자라면서 어머니 대신 나를 키워주신 할머니에게서 어머니를 떠올리며 마음을 달래고 용기를 내서 누구에게도 주눅 들지 않으려 무던히 노력하며 살았다. 그저 앞만 보고 질주하던 어느 날 문득 이런 생각이 떠올랐다.

'가난하면 불행하고 부자면 행복할까? 행복하게 살고 싶다면 어떻게 살아야 할까? 행복이란 무엇일까?'

미국의 하버드대학교 탈 벤 샤하르(Tal Ben Shahar) 교수는 이렇게 말했다. "의식주의 기본적인 욕구를 충족하고 나면, 그 이상의 재산은 행복감을 높이는 데 큰 도움이 되지 않는다. 행복은 가까운 곳에 존재하고 학습과 훈련을 통해서 얻을 수 있으며 행복해지는 방법은 아주 간단하다. 단지 바쁜 업무에 시달리다 결과를 중시하는 태도가 과정을 소홀히 생각하게 만들고 있을 뿐이다."

가까운 행복을 제대로 보지 못하고 앞만 보고 살아온 나를 두고 하는 말 같아 뜨끔했다. 나는 과연 행복한가?

내가 어렸을 때 내 방 벽에는 6.25 사변 때에 총에 맞은 다리를 지팡이에 의지한 아버지와 어머니가 함께 찍은 조그마한 사진 한 장이 걸려 있어 늘 나를 지켜보고 있었다. 나는 그 사진을 통해 어머니의 모습을 상상해볼 수 있었다. 부모님의 사진은 힘들 때마다 언제나 내가 기도하는 대상이 되었다. 나는 어떤 행동을 하더라도 부모님이 지켜보는 것 같아 매사에 조심하고 모범적인 생활을 하려고 의도적으로 노력했다.

가장 마음이 힘들었던 때는 초등학생 시절 매년 돌아오는 어버이날이었다. 친구들은 왼쪽 가슴에 빨간 카네이션을 다는데 나는 흰 카네이션을 달고 싶지 않아 책가방 속에 넣어 두고 우울한 하루를 보냈다. 그렇지만 집에 오면 사진을 보면서 어머니가 나와 함께하고 있다는 생각으로 마음을 달랬다.

결혼을 하고 시댁에서 살게 되면서 매일 보던 사진과도 멀어지게 되었다. 결혼하면서 그 사진을 가져가지 못하고 할머니 댁에 그대로 남겨 두었기 때문이다. 그래서 할머니 댁을 방문할 때마다 사진 앞에서 오래

머무르며 어머니와 약속도 하고 위로도 받았다. 그때는 그 사진을 보는 것만으로도 행복함을 느꼈다. 그 사진이 있어서 어머니의 모습을 알 수 있었음에 감사하면서….

"엄마, 우리도 가족사진 한 장 있었으면 좋겠어요."

어느 날 고등학교 졸업을 며칠 앞둔 딸이 말했다. 바쁘다는 핑계로 가족사진 한 장 제대로 찍지 못하고 살아왔구나 하는 생각을 하면서 기꺼이 응했다. 정장을 차려 입고 우리 가족 네 명이 함께 가족사진을 찍은 것은 결혼 20년 만에 처음이었다. 이 사진을 보며 우리 가족이 늘 행복하게 잘 살았으면 좋겠다고 마음속으로 기도했다. 나는 가족사진이 잘 보이도록 거실 벽에 걸어 놓았다. 내 마음속의 부모님도 우리 가족사진 속에 함께하셨다. 그때부터 이 가족사진은 내 생활에 영향을 주었다. 나의 생활을 늘 감시하기도 하고, 어려울 때 용기를 내게 만들고, 흐트러질 때 바로잡아주고, 일상이 바쁠 때 여유를 갖게 해주고, 몸이 지칠 때에 에너지를 불어넣어주며 항상 나와 함께했다. 새로운 일을 시작하거나 일을 마쳤을 때에도 가족사진을 보며 일의 시작과 끝을 사진 앞에서 반추해보곤 했다.

나는 고등학교를 졸업하고 지방공무원 공개경쟁 임용시험에 당당하게 합격하여 9급(당시 5급) 공무원으로 임용되어 40여 년간 오직 국가를 위하여 성실하게 근무했다. 그래서 오로지 나만을 위한 삶은 없었다고 해도 과언이 아니다. 공무원이자 어머니, 그리고 아내로서 맡은 역할들을 감당하느라 이중 삼중으로 어려움을 겪었지만 그런 어려움들을 헤쳐 나갈 수 있었던 건 가족들의 응원 덕분이었다. 가정 사정으로 일반대학에 진학하지 못했던 나는 방송통신대학교를 다녔다. 특히 아들이 고등학교 3학년이라 저녁 늦게 픽업을 해야 하는 와중에도 야간대학을 다시 다녔다. 새로운 업무에 대한 이론적인 뒷받침의 필요성을 느꼈기 때문이다. 공직을 수행하는 공직자로서 이론적으로나 실무적으로 손색이 없는 자질을 갖추려고 부단히 노력했다.

정년퇴임을 하고 시간적인 여유가 생겼다. 그 동안 가족들에게 부족했다고 생각되는 부분을 돌아보고 만회하면서 지내려고 마음먹었다. 그러던 어느 날 시어머니께서 병원에 입원하신지 이틀 만에 말 한마디 나누지도 못하고 갑자기 세상을 떠나셨다. 얼마나 당황스럽고 슬펐는지 가슴에 먹먹함이 지금도 풀리지 않고 있음을 느낀다. 내 인생에서 시어머니는 특별한 분이셨다. 시어머니는 성품이 매우 인자하고 좋으신 분이었다.

그 당시 여자들은 결혼을 해서 아이를 낳으면 친정어머니가 산후조리를 해주는 것이 보편적이었는데 나는 친정어머니가 안 계셨기에 시어머니께서 두 아이의 산후조리를 다 해주셨다. 그 고마움을 늘 가슴에 품고 살아왔다. 하지만 어머니는 내가 효도할 수 있는 시간을 기다려주지 않으셨다. 결혼해서 37년간 일과 육아를 병행하며 치열하게 살다보니 주변을 돌보지 못하고 살았다. 앞만 보고 열심히 살아왔지만 과연 나는 잘 살아왔는가? 나는 다시 반문해보았다. '나는 과연 행복한가?' 내 인생 세 번째 30년을 살아가면서 다시 이 질문 앞에 섰다. '어머니와 아버지의 사진'이 나를 지켜보며 넌지시 말씀하신다.

"너무 애쓰지 말고 행복하게 살아라."

나는 이제야 행복에 관하여 돌아보게 되었다. 내 인생에는 수많은 시련과 시련 못지않은 행복이 있었다. 부모님은 나의 이런 순간들을 언제나 지켜보고 계셨을 것이다. 하마터면 나는 이 모든 행복을 깨닫지 못하고 그냥 지나칠 뻔했다. 나는 더 이상 이런 행복한 순간들을 놓치지 않을 것이다. 이 깨달음은 오롯이 언제나 나를 지켜보시며 응원해주신 부모님의 사진 한 장으로부터 얻게 된 것이다.

5년 후 삶의 모습

제주힐링쉼터

5년 전 코로나19 팬데믹 상황에서 일주일에 한 번씩 줌(Zoom)을 통해 아홉 명이 만나서 공부하던 글쓰기 과정이 생각난다. 내게는 공저로 쓴 책이 두 권 있다. 한 권은 10년 전 명강사 최고위 과정 중에 쓴 것이고, 또 한 권은 5년 전 글쓰기 공부를 하면서 쓴 것이다. 그때의 글쓰기 훈련이 지금 내가 다섯 번째 책을 내는 저자가 될 수 있게 만들어 주었다. 5년 전에 나는 '마음의 주인'으로 살겠다고 공표했다. 그리고 찾아본 '내 인생에 중요한 한 장의 흑백사진'은 내 과거를 만나고 진정한 '나'를 정의하게 되는 커다란 의미를 주었고 내가 마음의 주인으로 살아가는 데 중요한 버팀목이 되어 일상을 지켜주었다.

지금 나는 고요한 새벽에 오롯이 나의 내면을 만나고 성장해 가기 위해 매일 아침마다 30분 스트레칭과 명상, 30분 성경 쓰기와 1시간 책 읽기를 하고 있다. 그리고 걸어서 새벽기도를 다녀오면 걷기 운동까지 마무리된다. 프리랜서로 대중 강의를 하고 있기에 일정이 없는 날에는 1시간 글쓰기를 추가한다. 이것이 내가 5년간 꾸준히 실천해서 오늘의 성공을 이루어낸 오전 루틴이다. 이러한 루틴을 바탕으로 나는 나눔과 봉사, 힐링쉼터 건립, 집필활동을 통한 인생 2모작 등 세 가지 실천을 통해 삶의 지평을 넓혀왔다.

첫째, 나눔과 봉사는 적십자 활동, 재능기부, 기부금 등 구체적인 방법으로 실천해 왔다. 1979년부터 40여 년 동안 소속되어 있는 적십자 봉사회 회원으로서 월 2회 정도 반찬 봉사에 참여하고 있다. 그리고 마을 경로당에 어르신들의 심신 건강을 위하여 월 1회 이상 재능기부를 하고 있다. 또한 나는 공직에서 정년퇴임하면서 환갑 기념사업으로 나 자신과 약속한 두 가지 일을 지켜오고 있다. 하나는 출신 고등학교 장학재단에 매년 금일봉을 출연하는 일이고, 다른 하나는 적십자사에 매년 특별회비로 금일봉을 납부하고 매월 계좌 후원을 하는 일이다.

경제적으로 풍족하지는 않지만 매월 소액으로 7곳에도 계좌 후원을 하고 있다. 고등학교 시절부터 봉사활동을 했던 것이 습관이 되어 이웃에 봉사하고 나누는 삶을 살아가고 있다. 봉사와 나눔, 기부의 습관을 생활 속에 실천함으로써 적십자사에 아너소사이어티(고액 기부자 모임) 회원 반열에 이름을 올리기 위한 준비를 이어가고 있다.

둘째, 힐링쉼터를 건립하여 피로에 지친 사람들을 위한 나눔터를 마련했다. 시골에 있는 감귤창고를 리모델링해서 힐링쉼터를 마련했다.

힐링쉼터에는 '나눔', '소통', '봉사' 등 지역사회에 영향력을 줄 수 있는 다양한 강좌를 개설하였다. 또한 아담한 책방을 마련하여 누구나 책을 읽고 쓰며 자신의 이야기를 나눌 수 있도록 했다. 나는 이곳을 만들기 위해 5년간 구상하고 준비해 왔다. 주변에 감귤밭이 있어 수확철에는 '감귤 따기' 체험 장소도 제공한다. 집 주변 공터를 활용하여 아름다운 꽃 정원도 꾸몄다. 좋은 사람들을 수시로 초청하여 소소한 일상을 나누고 정보를 공유하는 시간을 가지며 삶을 즐기고 있다. 이 공간을 찾는 사람들에게 내가 쓴 책들을 소개하기도 하고, 매년 5월에는 북 콘서트를 열기도 한다.

셋째, 책쓰기와 시 쓰기를 통해 집필활동을 실천하고 있다. 내 마음의 주인으로 살기로 결심하고 지내는 5년 동안 공공기관에서 위촉하는 각종 위원회 위원을 다 내려놓고 덜 중요한 일들을 정리하니 시간적인 여유가 많아졌다. 따라서 책을 읽고, 글쓰기를 연마하는 데 전념할 수 있어 작가로서의 위치를 공고히 하며 집필에 더 몰두할 수 있게 되었다. 칠십이 된 나이에 '작가'라는 개인 브랜드를 만든 것이다. 나만의 특징과 매력을 '조화 능력', '리더십', '능통한 회계 업무능력' 등등의 구체적 표현으로 언어화해 보면서 좋은 브랜드가 되고자 한다.

나는 글쓰기를 시작한 것이 참 잘한 일이라고 생각한다. 내가 글쓰기를 시작했을 때, "뭐 그리 스트레스 받는 일을 새롭게 만드냐? 그냥 편하게 살지."하며 달갑지 않게 말을 하는 사람들이 있었던 반면, 그 어려운 일에 도전하는 나를 부러워하며 격려해주는 사람도 있었다. "지금

자면 꿈을 꿀 수 있지만, 공부를 하면 꿈을 이룰 수 있다."는 격언처럼 나는 공부를 하는 편을 선택했다.

5년간 나는 다섯 권의 책과 시집을 출간하였고, 나눔의 힐링쉼터를 건립하였으며, 아너소사이어티를 위해 일억 원의 기금을 마련하는 세 가지 일을 이루어 냈다고 자평하고 싶다. 하마터면 놓쳐버릴 뻔했던 '진짜 나'를 만나서 살아온 5년 동안 근접성공을 이루어냈다. '근접성공'이란 '인생은 끊임없는 추구의 과정'이라는 의미다.

제행무상(諸行無常)이란 말이 있는데, 물질적인 것이든 정신적인 것이든 모든 현상은 시시각각으로 생성되고 소멸하며 항상 변천한다는 뜻으로 '이 세상에 불변하는 것은 없다'는 의미다. 살면서 만나 온 모든 것들이 발생하고 없어지고를 반복하면서 얻어지는 일시적인 결과를 놓고 사람들은 성공과 실패를 판단한다. 그러나 그것 또한 변화하는 것이기에 내 삶은 여전히 목표를 추구해가는 과정 중에 있다고 생각한다.

언젠가 내 삶의 경험담을 들은 학교 후배가 나를 롤 모델로 삼고 살아가겠다고 말한 적이 있다. 그때는 그냥 인사치레로 하는 말이라고만 생각했다. 누군가의 롤 모델이 된다는 것이 그리 쉬운 일이 아니기 때문에 괜히 부끄러웠다. 그런데 몇 년이 지난 후에 그 후배로부터 "선배님 덕분에 대학을 졸업하고 대학원에서 석사 과정을 하고 있습니다."라는 얘기를 들었을 때는 정말 뿌듯했다.

내 삶의 과정이 누군가의 롤 모델이 되어 선한 영향력을 전했다는 점에서 보람되고 행복했다. 이 일을 계기로 70년을 살아온 삶의 자취를 뒤돌아보며 나 자신에게 '열심히 살았어. 그 정도면 성공한 삶이야.'라고 자평하며 다독거릴 수 있는 용기가 생겼다. 한 길을 꾸준히 걸으며 쌓아온 무언가를 사회에 환원하는 삶이라면 잘 살고 있다고 할 수 있지 않을까?

나이를 먹으면 다 지혜로워지고 존경받게 되는 줄 알았는데 인생을 어영부영 살면 이룰 수 없다는 것도 깨달았다. 안정된 생활의 늪에 빠져 영혼까지 시들어 버릴 수 있는 공무원이란 틀에서 벗어나 작가라는 브랜드로 변신한 것은 용기 있게 변화에 도전했기에 가능했다. "내가 변화하지 않으면 아무것도 변하지 않는다."는 말을 붙잡고, 변화를 두려워하지 않고 긍정적으로 변화에 적응하려고 애써왔다. 세상에 저절로 이루어지는 것은 없기 때문이다.

이러한 과거의 노력을 바탕으로 책쓰기 5주년과 고희(古稀)를 맞는 2026년 미래의 나를 그려본다. 2026년 5월, 5년 전에 책을 함께 쓴 아홉 명의 저자를 제주도에 초청해서 북 콘서트를 열 것이다. 공공도서관 프로그램으로 제안을 해서 도민들을 위해서 추진하면 나의 브랜드도 홍보되는 시너지 효과를 얻을 수 있을 것이다. 1박 2일의 일정으로 진행할 계획이며 둘째 날에는 저자들과 친교의 시간으로 워크숍을 통해서 아이디어를 모으고 관계를 더 돈독하게 만드는 시간을 가질 것이다. 생각만 해도 즐거운 행사가 될 것 같아 벌써부터 가슴이 뛰고 마음이 설렌다.

이번 북 콘서트를 계기로 공저자 9명이 전국을 순회하면서 북 콘서트를 함께 하는 것도 실행해 볼 수 있도록 워크숍에서 제안할 것이다. 좋은 아이디어와 계획을 실천에 옮기며 나는 마음의 주인으로 흔들림 없이 살아가고 싶다.

 다시 5년을 계획하는 칠순의 나는 설렘과 기대에 차 있다. 나는 변함없이 건강하고, '나'를 찾아 '나답게' 살아가고 있다.

5년 후 오늘, 나의 하루

제주를 품은 시간

2026년 5월 12일

  나이 70을 '고희(古稀)'라고 한다. 옛날에는 사람이 70세까지 사는 것이 드물었지만 오늘날은 의학이 발달해 수명이 길어진 덕분에 '고희'라는 말은 무색해졌다. 올해 고희를 맞이하는 나에게 70이라는 숫자는 새로운 의미로 다가온다.

  시계가 오전 5시를 가리키고 있다. 여느 때처럼 잠에서 깨고 침대에서 내려오기 전에 누워서 할 수 있는 스트레칭과 손목 돌리기, 발목 돌리기, 6가지 동작의 눈 운동, 다리 올리고 내리기, 발끝 치기 등의 간단한 운동을 하고 기지개를 쭉 켜고 나면 온몸이 개운해진다. 몸을 일으켜 5분간 호흡명상을 하고, 거울 앞에 서서 흔들리는 야자수 자세의 요가 동작과 목 스트레칭을 한다. 그리고 거울 속의 내 모습을 보며 하루의 시작을 나누는 대화를 한다. 이러한 일련의 코스는 10년 전 내가 은퇴를 하고 아침 시간에 여유가 생기면서부터 필수적으로 하는 아침 일과다.

오늘은 거울 속의 나에게 이렇게 말한다. "이제 나는 70이 되었어. 하지만 나이는 숫자에 불과할 뿐이야. 나는 지금까지 잘 살아왔다고 생각해. 앞으로 인생 마지막까지 내가 필요로 하는 것에 좀 더 집중하며 감사하는 마음 잃지 말고 해피엔딩하자."

그러기 위해서 비전 주문을 낭독한다.

"나는 소중한 존재이다! 나는 언제나 잘할 수 있으며, 언제나 행복하다!"

일어나면 맨 먼저 양치질을 하고 음양탕을 한 컵 마시고 성경 필사를 한다. 이 과정이 끝날 즈음이면 동이 트면서 창밖이 환하게 밝아온다. 성경책을 들고 남편과 함께 성당에 걸어가서 새벽 미사를 봉헌하면서 내 마음을 다스리고 오늘 하루도 허투루 보내지 말고 내가 하는 일이 잘 진행되길 기도드린다. 그리고 새로운 하루를 시작할 수 있음에 감사하는 마음을 가지고 가벼운 마음으로 돌아온다.

집으로 돌아오는 길에는 공원에 들려 운동기구를 차례대로 한 바퀴 돌면서 운동을 한다. 아름드리 소나무들도 응원의 미소를 보내온다. 마음의 안정을 주는 초록의 소나무들에게 감사하면서 벤치에 앉아 3분간 명상을 한다. 명상은 매 순간 몸과 마음에서 일어나는 모든 현상을 관찰하고 알아차리고 바라봄으로써 심신이 편안한 상태가 되게 해준다. 매 순간의 알아차림에 집중함으로써 생각을 줄이고 관찰력을 기르고

에고를 소멸하게 하는 효과를 볼 수 있다. 명상을 하면서 많은 것을 내려놓는 연습을 해오고 있다.

일어나서 꽤 많은 일들을 하였는데도, 시간은 옛날과 비교하면 아직 업무 시작 전이다. 틀에 박힌 일을 할 때는 아침시간에 아주 바쁘게 움직여도 매번 출근시간이 빠듯했는데, 요즘은 이런 여유가 너무나도 좋다. 하지만 하루를 허투루 보내지 않기 위해 해야 할 일들의 우선순위를 정하고 하루를 점검해 보는 것은 중요한 일과다.

직장 생활을 할 때는 남편과 마주 앉아 얘기를 나누며 함께한 식사가 손에 꼽을 정도였는데 은퇴를 하고 나서부터 아침식사는 거의 함께 하는 편이다. 그리고 요리도 함께 한다. 오늘은 남편이 만든 당근, 사과주스 한 잔과 내가 만든 돼지고기 야채전을 곁들여서 아침식사를 맛있게 한다.

오늘은 9시부터 적십자사에서 어려운 이웃들과 나눌 반찬을 만드는 날이다. 40여 년 전에 내가 주도적으로 만든 봉사회에서 지금도 활동하고 있다. 매주 화요일마다 정기적으로 진행되는 행사에 한 달에 한두 번 정도 참여하고 있는데 노란 조끼의 천사가 되는 시간이다. 도내에 있는 오십여 개의 봉사회가 순번제로 돌아가고, 매번 20여 명의 봉사자들이 참여한다. 적십자사에 있는 조리실에서 조리 팀이 반찬 재료들을 다듬고 씻어서 반찬 종류에 맞춰 준비하고, 다 만든 반찬을 용기에 골고루 나누어 담는다. 그러면 배달 팀의 봉사자분들이 수요자의 숫자에 맞추어 반찬통들을 받아가서 각 대상자에게 전달한다. 나는 반찬을 만들고 포장하는 일까지 하고 있다. 봉사를 하며 오전을 보내니 마음 한 구석이 뿌듯해진다.

오후에는 고등학교 친구 3명과 점심 모임이 있다. 장소는 제주에서 탄생한 프랜차이즈 식당으로 음식이 맛있고 종류가 다양해서 종종 이용하는 곳이다. 이곳에 가면 후식까지 해결할 수 있어서 시간에 쫓기지 않고 눈치 보지 않고 친구들이랑 수다를 떨기에 안성맞춤이다. 한 달에 한 번은 이렇게 정기적으로 만나고, 경조사나 행사가 있을 때마다 만나다 보면 친구들을 만날 기회도 제법 많이 생긴다. 나에게 이 친구들은 어떤 이야기도 꾸밈없이 할 수 있어 편하고 좋다. 특별한 목적이 없이 만나는 날에는 세상 돌아가는 사연들을 나누면서 서로의 안부를 묻고, 과거를 회상하며 학창 시절까지 언급을 해야 마무리가 된다. 오늘도 그랬다. 두어 시간 남짓 만남의 시간을 갖고 헤어진다.

집 거실에 앉아 짙은 향의 커피를 마시며 창밖을 바라보니 한라산 정상이 아주 가까이 와 있다. 한라산이 가까이 보이면 비가 내린다는 얘기가 있는데 내일은 비가 내리려는지 하늘에 구름이 끼기 시작하는 것 같다. 제주도에 살면서, 한라산이 보이는 곳은 어디든 명당이라는 말을 제법 자주 들었다. 우리 집 거실에서도 한라산 정상이 보이니 문득 내가 명당에 살고 있어서 행복하다는 생각이 든다.

어제 읽다 남겨둔 책을 마저 읽는다. 탈 벤 샤하르의 강의 내용을 담은 『행복이란 무엇인가』라는 책으로, 몇 년 전에 읽었던 책인데 다시 읽어 보는 것이다. 마침 내일 오전에는 "노후의 행복, 누구나 누릴 수 있다!"라는 주제로 노인대학에 강의가 예정되어 있는데 특별한 노력 없이 저절로 강의 준비가 된 듯하다.

  '오늘은 선물'이라는 말을 되새기면서 저녁시간을 맞아한다. 저녁식사를 마치고 5년 전부터 실천하고 있는 감성 시 쓰기와 글쓰기를 하기 위해 노트북을 켠다. 올해 나는 공저를 포함해서 다섯 번째 책을 출간할 계획이고, 다섯 번째 시집도 준비 중이다. 잠자리에 드는 11시 까지는 글 쓰는 시간이다. 가끔은 흐트러지기도 하지만 가급적이면 지키려고 노력하고 있다.

  성공한 사람들을 보면 하나같이 새벽을 깨우며 살아간다고 한다. 새벽을 여는 삶은 열정이 넘치는 하루를 살아간다는 가장 확실한 증거가 아닐까? 5년 전 시작한 나의 일기장을 펼쳐 본다.

5년 후 내가 나에게

'진짜 나'로 살다

　　공직생활에서의 5년이라는 시간 동안 5년만큼 성장해 왔다면, 최근 5년의 세월 동안은 10년은 성장한 느낌이다. 5년 전에 나는 '마음의 주인'으로 살겠다고 선언했다. 그때 찾아본 흑백사진 한 장은 내가 오늘의 나로 살아갈 수 있는 데에 큰 의미를 주었다. 그래서 책쓰기와 감성 시 쓰기를 시작할 수 있었다.

　마음의 주인으로서 선택한 새벽 5시부터 오전 8시까지의 루틴은 지금도 잘 지키고 있다. 모든 과정은 시간 안배를 잘하고 꾸준히 실천하는 게 중요하다.

　마음의 주인으로 살겠다고 다짐하고 달라진 점은 또 하나가 있었다. 10년 전 공직생활 은퇴 직후에 내가 소속된 각종 단체에서 해외여행계획이 쏟아지면서 나는 많은 고민을 했다. 경제적으로 제한된 돈을 해외여행을 하는 데 투자하는 것이 좋을지 아니면 다른 것에 활용하면서 편하게 지내는 것이 나을지를 결정하는 일이 쉽지 않았기 때문이다. 그러나 결국 '이 시점에서 망설이지 말고 지금까지 일만 하느라 힘들게 살아온 나 자신을 위해 여행에 투자하자.'고 마음먹었다. 그래서 3년간 10여 회의 해외여행을 다녀왔다. 그 중에서 히말라야 ABC캠프 트레킹 여행과 서귀포 유니세프 일원으로 참가했던 미얀마와 네팔 봉사활동은 매우 보람 있는 여정이었다. 특히 천주교 신자(信者)이면서 인도-네팔의 부처님 성지순례를 했던 일은 특별한 의미를 느낄 수 있는 시간이었다. 또한 환갑기념으로 중학교 여자 동창들과 다녀왔던 라오스와 고교 동창들과 다녀온 동유럽 여행은 값진 추억이 되었다.

국내 여행은 재직하는 동안 전국 시·도별로 구성된 공무원 교육 동기생 모임이 지역별로 순번제로 모이고 있어 자연스레 다닐 수 있었다.

2020년 초부터 코로나19 팬데믹 상황이 되면서 해외여행은 물론, 국내 여행조차 자유롭지 않게 되어 이미 계획된 몇 건의 해외여행도 가지 못하게 되었다. 이런 상황이 되자, 힘들게 결정내리고 실천했던 여행들이 더 소중한 경험과 자산으로 여겨졌다.

은퇴 후 쉴 틈 없이 배우고, 여행하고, 강의 활동과 더불어 각종 크고 작은 단체의 일원으로 활동하다 보니 고정적인 직장 일을 하는 사람보다 더 바쁘게 지냈던 것 같다. 코로나19가 확산되기 시작하던 2020년 초부터는 명상을 배우면서 자신을 돌아보고 내려놓는 연습을 통해 마음을 정리하는 습관을 일상화 해왔다. 40여 년간 공직생활만 하다 보니 환갑이 지난 나이지만 일상생활에서 일어나는 상황에 대한 적응은 많이 서툴렀다. 그래서 환갑을 기준으로 이전의 삶은 뒤로 하고 다시 태어난다는 생각으로 내가 '내 마음의 주인'으로 살고 있는지 스스로 반문해보기 시작했다. 명상과 글쓰기 공부로 내 삶을 단순화 시키는 훈련을 하게 되었다.

나는 5년 전에 세웠던 세 가지 목표를 꾸준히 실천하고 이루어 왔다. 3권의 책과 시집 출간을 계획했던 것도 이루었고, 꿈꾸었던 대로 완성된 힐링쉼터도 좋은 사람들과 정보를 공유하고 심신이 피로한 사람들이 편히 쉴 수 있는 힐링쉼터로 자리매김하고 있다. 또한 적십자 아너소사이어티 반열에 오르기 위한 1억 원의 기금도 차곡차곡 모아가고 있다. 이러한 일을 할 수 있음에 감사하다. '다른 사람에게 도움을 주는 일을 하는 사람은 자신에게 가장 큰 선물을 주는 것'이라는 말처럼 내가 선물 받는 기분을 느낄 때가 제법 많다.

"자기 스스로 변하지 않으면 아무것도 변하지 않는다."는 말처럼 내가 변해야 나의 삶도 내가 원하는 모습으로 변화하고 발전할 수 있다는 것을 다시금 깨닫게 되었다. 그래서 자꾸 일을 만들어서 시간에 쫓기는 삶을 살던 나를 바꾸기로 했다. 비전과 목표를 설정하고 보다 중요한 일에 '선택과 집중'을 하자고 다짐했다. 그렇게 내가 마음의 주인으로, '진짜 나'의 모습으로 5년간 흔들림 없이 살 수 있게 잘 따라 준 마음에게 고맙다는 말을 해주고 싶다.

지난 5년 동안의 세월과 앞으로의 목표를 생각해봤을 때, 2026년 칠

순이 된 내가 2021년 나에게 해주고 싶은 말들은 크게 4가지일 것 같다.

첫째, 어떤 일을 할 때 두려워하거나 망설이지 말고 도전하라는 것이다. 나는 젊은 시절 항상 시작하기도 전에 실패를 먼저 생각하고 걱정하고 망설이다가 기회를 놓쳤다. 어떤 일을 함에 있어 시작해 보기도 전에 겁을 먹고 포기해 버리거나 두려워하면 아무것도 시작하지 못한다. 또한 시작도 해보지 않고 할까 말까 망설이다 보면 기회를 놓쳐 버리게 된다. 설령 실패하더라도 이제는 도전을 통해 경험한 것이 인생을 살아가는 데 큰 도움이 된다는 것을 뼈저리게 느꼈다. 또 망설이지 않고 도전하는 것이 생기 있게 살아가는 비결이었다.

은퇴 후에 나는 내가 원하는 운동 등 새로운 분야에 도전했다. 그 운동 덕분에 나는 이만큼 건강한 나날을 보내고 있는 것이다.

둘째, 일을 할 때는 한 우물을 꾸준히 파야 한다는 것이다. 한 우물을 파는 꾸준함이 부족하면 어느 것 하나 제대로 이루어내지 못한다. 이것저것 기웃거리면서 조금 해보다가 안 되면, '이거 안 되네' 하고 또 다른 것을 찾고, 또 다른 것을 해보다 '이것도 안 되네. 아, 역시 난 안 되나 보다' 하다 보면 자존감을 깎아 먹고 시간과 에너지를 낭비하는 패턴을 가지게 된다. 따라서 시간과 돈을 많이 투자하더라도 꾸준하지 않으면 성공하기 쉽지 않다는 것을 깨달았다.

셋째, 모든 것을 다 잘할 필요는 없다. '선택과 집중'을 통해 자신이 좋아하는 일에만 열심을 다하면 된다. 무엇이든 다 잘 해내고 열심히 해야 한다는 완벽주의는 늘 시간에 쫓기게 만들고 내가 정말 좋아하는 것이 무엇인지 돌아볼 수 없게 만든다는 사실을 명심해야 한다.

넷째, 목표를 향해 전력 질주하는 것은 바람직한 일이다. 그러나 그 노력들은 사랑하는 사람들과 함께 더불어 성장할 수 있도록 균형을 유지하는 것이 중요하다. 따라서 어떤 일을 추진하더라도 한쪽에 치우치지 않고 균형을 잡고 살아가야 한다. "인생은 자전거를 타는 것과 같다. 균형을 유지하기 위해서는 계속 움직여야만 한다."는 알베르트 아인슈타인의 말처럼 잘 산다는 것은 어느 한쪽으로 지나침이 없이 균형을 잡고 사는 일이다.

2026년 이제 나는 지금까지 습관처럼 해오던 별로 중요하지 않은 일에 시간을 소비하지 않는다. 5년 전 이룰 수 없을 것만 같던 꿈은 지금 나의 일상이 되었다.

늘 가족의 짐을 네 등에 짊어지고 삶의 언덕을 넘었던 오순금! 수고한 너를 칭찬한다. 더는 네 삶을 남들의 계획에 맡기지 마라. 너는 너다.

내 인생의 흑백사진 한 장
모모 의상실

5년 후 삶의 모습
꿈 사용설명서

5년 후 오늘, 나의 하루
꿈의 전도사

5년 후 내가 나에게
흑진주가 전하는 꿈

초담 장복순

- 참여문학 등단, 광양저널 기자
- 대한민국 교육산업 대상 수상
- 한국 신지식인 36호 선정
- 저서: 시집 『그리움 0516』, 『사랑하길 잘했다』 외 7권

내 인생의 흑백사진 한 장

모모 의상실

　　컬러 색상이 화려하고 선명하게 세상을 볼 수 있게 하는 '넓이'를 가졌다면 흑백 색상은 보이지 않는 면에 대한 상상력을 자극하며 컬러 색상이 보여주는 것과는 다른 '깊이'를 가졌다. 내게 흑백사진처럼 남아 있는 기억도 마찬가지다. 빛이 바랬대서 추억이 옅어지는 게 아니다. 옅어졌다고 해서 잊히는 게 아니다. 빛이 바랬을 때 더 빛이 나는 이야기, 기억이 바랠수록 더욱더 또렷해지는 이야기... 〈모모 의상실〉의 기억은 내겐 깨달음이 되었던 추억의 장면이다.

"재수해서 사범대 가든지 양장일 배우든지."
"왜 하필 나한테 그러냐고!"
　　엄마는 7남매 중 딱 중간인 나더러 희생양이 되라고 윽박질렀다. 엄마는 막무가내였다. 양자택일이 아니라 덮어놓고 말로 우겨대는 엄마와 실랑이 하는 데에 앞뒤 좌우 가리거나 버틸 재간은 없었다.

　위로 아들 둘이 한꺼번에 대학을 다니니 밑에 자식들 건사하며 살아가기 버겁다는 뜻으로 하신 말인 줄 뻔히 안다. 말이 좋아 재수지 기술을 배워 돈 벌라는 말을 그리 돌려 하실 따름이었다. 말로나마 기회는 줬으니 날아오를 재주 있으면 해보든지 그럴 자신 없으면 아예 일찌감치 생업 전선으로 뛰어들라는 재촉이었다.

　알고 있었다. 모르는 게 아니었다. 엄마가 힘들게 사시는 걸 자식인 내가 왜 모르겠는가. 엄마는 어려운 환경에서도 좌절하지 않고 꿋꿋이 개미처럼 소처럼 일만 하셨다. 그런 모습이 안쓰러워 "머슴들이자."는 아버지의 말에 "머슴 일 내가 해요."라며 한마디로 단칼에 거절하신 엄마였다. 그리고 오로지 칠 남매 교육에만 몰두하셨다.

　그 당시 큰언니는 나름 성공한 사람이었다. 고등학교를 마치고는 곧바로 양장 일을 시작했다. 상도동 성대시장 〈모모 의상실〉 하면 그 일대 아는 사람은 다 알아주는 집이었다. 십 년 가까이 시간을 보냈으니 터줏대감이 다 된 큰언니였다. 그런 언니처럼 한다면야 못할 게 뭐냐며 어떻게든 나를 끌어다 밀어 넣으려는 것이 엄마의 속셈이었다. 언니에게 내 장래를 부탁한다고까지 하셨으니 말 다 한 거였다.

　한편으로는 이런 생각도 들었다. 자식을 대학에 못 보내는 어미의 심정은 어떨까? 다시 태어난다면 부잣집 딸로 태어나 하고픈 공부나 실컷 했으면 하던 우리 엄마였으니. 다섯 손가락 깨물어 안 아픈 손가락 없다는데 유독 중간에 태어나 위아래로 치이며 살아온 나를 누구보다 잘 아는 엄마인데. 엄마의 속 타는 심정을 미처 헤아리지 못한 바보는 되지 말았어야 했다. 적어도 그 날만큼은.

"왜 나만 대학 안 보내 주냐고!"하며 생떼를 쓰다 그만 "그럴 거면 왜 낳았냐고!"하며 입에서 나오는 대로 말해버리고 말았다. 속으로 '아차!' 싶었지만 이미 튀어나온 말은 주워 담을 수도 없어 물리지도 못할 비수가 되어버렸다. 변명할 겨를도 없이 단박에 엄마 가슴에 대못을 박아버린 것이다.

제 일이 급하다고 어쩌면 이다지도 철딱서니 없었을까. 조용한 날에 다시 물어볼 생각은 왜 못했던가. 언니, 오빠들에게 구원 요청 한번 해 볼 요량은 왜 못 폈을까. 이미 날아간 말 화살에 후회한들 무슨 소용이 있겠는가. 한꺼번에 밀물처럼 온갖 생각들이 몰려오니 무엇부터 어떻게 해야 할지 막막했다.

지은 죄가 있으니 군말 없이 언니가 사는 서울로 가는 수밖에 없었다. 찍소리 할 형편이 못 되는 처지라 당장에는 기세등등하던 고집부터 잠시 내려놓았다. 그렇다고 모든 걸 포기한 건 당연히 아니었다. 사태가 잠잠해지면 언제라도 속내를 꺼내려 애써 참고 있었다. 조금씩 호시탐탐 사냥의 기회만 엿보는 늑대로 바뀌어가고 있었다. 나는 그렇게 울며 겨자 먹기로 큰언니의 〈모모 의상실〉에서 일을 시작하게 되었다.

"정 그러면 취직해라."

'성공'이란 걸 너무나도 쉽게 여겼나 보다. 다른 누구도 아닌 큰언니가 자리 잡았으니 '까짓것 나라고 못할까 보냐.'고 작심 한번 참으로 단

순했다, 나라는 사람은. 그만큼 세상 물정을 몰라도 한참 몰랐다. 만만하게 본 건 아니지만 말랑하게 여겼던 듯했다.

　보조 일부터 시작하라는 언니의 말이 갑갑하기만 했다. 머릿속은 온통 보란 듯이 후다닥 일 배우기를 끝내고 공부를 하러 갈 속셈으로 가득 차 있었으니 언니의 말은 그저 쇠귀에 경 읽기였다. 이런 말도 저런 말도 달가워하지 않고 귀찮게 여기니 언니는 "양장 일은 너랑 안 맞는 듯하다"는 진단을 내렸다. 그러니 회사에 취직하라는 것이었다.

　부딪히지 않고 피한 게 잘못이란 깨달음은 훨씬 뒤에 찾아왔다. 도전하지 않고 타협하는 게 뒤처지고 늦되는 일이라는 것을 나중에서야 알아차렸다. 직장 생활 역시 만만찮기는 매한가지였다. 눈물 콧물 쏙 빼가며 사원부터 시작한 직장 생활이 나를 바꾸고 있었다. 한숨 쉴 때마다 언니가 하던 말이 생각났고 힘들 때마다 엄마 말이 떠올랐다.

　철부지가 철들기까지 그다지 오랜 시간이 걸리지는 않았다. 어느덧 나도 철든 어른이 되어 결혼을 했고 아이를 낳았다. 아이를 안고 친정엄마를 찾았다. 엄마나 나나 다 '같이 나이 들어가는 어른'이니 과거의 '그런 일' 쯤이야 서로들 가슴에 묻고 그냥 없던 일처럼 지낼 수 있을 거라고 생각했다.

"아기 보니 예쁘지?"

"예, 그럼요."

"나도 너 그렇게 키웠단다."

엄마는 못내 잊지 못하셨나 보다. 겉으로야 웃지만 속으로는 여태 울고 계셨나 보다. 이제는 번듯하게 잘 사는 모습을 보여드렸다고 여긴 건 또 한 번 나만의 착각이었다. 큰애 안고 누워있는 내게 아기 잘 때 같이 자라며 엄마는 자리를 뜨셨다.

'방금 일어나며 하셨던 그 말이 무슨 뜻이야? 엄마 혼자 오랫동안 속 앓이로 간직하셨단 말인지 잘 커줘서 기특하다는 말인지?' 나가는 엄마의 뒷모습이 한눈에 들어오면서 순식간에 대침을 맞은 기분이었다. 내가 엄마 가슴에 박았던 대못이 대침이 되어 잠자던 내 가슴을 깨웠다. 호통이 아니라 일깨움으로 가슴에 다가오니 눈물이 솟구쳤다.

남들처럼 당당한 대학생이 되고 싶었던 간절한 마음에 '그럴 거면 왜 낳았느냐'고 엄마 가슴에 상처를 준 죄로 마지못해 하게 되었던 〈모모 의상실〉에서의 일은 나의 첫 번째 사회생활이었다. 일을 열심히 가르쳐서 나에게 의상실을 물려주려던 큰언니의 깊은 뜻도 모르고 나만의 꿍꿍이에 빠져 언니에게 몽니를 부렸던 일은 두고두고 마음 아픈 기억이 되었다.

시간이 지날수록 더욱 또렷해지고 선명해지는 기억 속의 흑백 사진 〈모모 의상실〉. 생각하면 41세 이른 나이에 불의의 사고로 하늘나라에 간 큰언니와 엄마 가슴에 대못을 박았던 철없던 내 모습이 떠오른다. 평생 가슴에 남을 추억이 된 그 사진 한 장 덕분에 지금까지 이만큼 잘 살아올 수 있었다.

5년 후 삶의 모습

꿈 사용설명서

성공과 성공자란 무엇일까? 무언가를 이루면 성공이고, 일을 이룬 사람은 성공자가 되는 것일까? 사람들은 나에게 곧잘 "성공했다"고 말하곤 한다. 그렇지만 나는 그 말에 동의하지 않는다. 누군가 나에게 "성공이 무엇이냐?"고 묻는다면 주저하지 않고 이렇게 반문할 것이다. "당신은 얼마나 많은 루틴을 가졌는가?"라고.

새벽 3시 50분. 이 시각이면 태양도 아직은 자고 있을 시간이다. 그러나 나는 어김없이 나를 깨운다. 나에게 아침 인사를 건네며 아무런 대가나 조건 없이 선물 받은 하루에 감사한다. 밤새 무탈함에 감사하고, 잠들었다 깨어났음에 감사하고, 눈뜨자마자 선물까지 받았음에 감사하다. 3시 50분부터 7시 30분까지의 시간만큼은 그 어느 누구의 방해도 받지 않는 나만의 귀한 시간이다. 이 시간은 온전히 '나를 위해' 쓰는 시간이기에 하루 중 가장 빛나고 알찬 시간으로 채우려 애쓴다. 그 시간을 통해 나를 채우고, 하루의 나머지 시간들은 다른 사람들과의 '관계'를 통해 나눌 수 있는 시간으로 사용하려고 한다.

"최선을 다하며 오늘 하루도 최고에 이르라." 거울 속의 나를 마주하며 나에게 다짐한다. 내 운명은 우연히 이루어지지 않았다. 선택도 분명 내가 했고, 내가 선택한 그 일을 이루고자 최선을 다했기에 지금, 여기서, 이 모습으로 살아갈 수 있는 것이리라.

아침마다 양치하고 물 한 컵을 마신다. 30분 동안 성경을 읽고 기도하며, 50분간 몸 풀기 스트레칭을 한다. 누구나 그러지 않겠느냐고 하겠지만 이 모든 걸 습관으로 만드는 데에는 꽤나 오랜 시간이 걸렸다.

몸에 좋다면 입으로 가져가는 사람이 있고, 몸에 좋다면 피부에 양보하는 사람이 있다. 하지만 남들과 똑같이 한다면 재미없지 않은가? 나는 몸에 좋다면 '습관'으로 가져가려 노력했다. 처음에는 불편하고 귀찮아서 거부감도 들었지만 하루 이틀 계속 하다 보면 어느새 익숙해진다. 하지 않으면 안 될 정도에 이르게 될 때 비로소 습관 하나가 제대로 뿌리내린 것이다.

지금의 나이에 이르러서야 이렇게 하루를 시작하게 되었다. 너나없이 인생의 오르막길과 내리막길을 걸어간다지만 나 역시 걸어온 길이 평탄치 않았다. 넘어지고 엎어지며 더러 비탈길도 걸었고 흙탕길도 걸어야 했다. 가만히 앉아 있지 못하고 길 떠나는 여행자처럼 늘 '도전' 보따리를 꾸려왔다.

도전하는 삶! 주어지는 시련에 불평하기보다 일말의 희망을 붙잡았고, 주어지는 기회에 도망하기보다 도전을 선택했다. 고등학교를 졸업하고 큰언니에게서 양장 일을 배우다 직장 생활을 먼저 하긴 했지만 기어이 대학 공부를 해냈다. 앞에 나서기 두려워하는 친구들에게 보란 듯이 강사가 되어 전국을 누비고 다녔다. 나이 들어 주책바가지라는 소리를 듣기도 했지만, '미즈실버 코리아'에도 당당히 출전했다. 시인이 되었고, 작가가 되겠다고 마음 굳힌 건 아름다운 나이를 훈장처럼 내 가슴에 달아주고 싶었기 때문이다.

나는 넋 놓고 하늘의 처분만 바라는 수동적인 태도는 싫다. 할 일이 없다고 투덜대는 것도 꼴불견이다. 어렵다 하든, 볼썽사납다 하든 그게 무슨 대수인가? 어떤 일을 하거나 하지 않거나를 선택해야 할 때에는 나는 하는 쪽을 택한다. 굳이 그러는 이유는 도전했던 일을 이루고 난 다음에 찾아오는 보람이 크기 때문이다. 힘든 시간을 만회하고도 남음이 있기 때문이다.

지난 5년을 돌아보니 이룬 일들이 제법 많았다. 퇴직을 한 후에는 "흑진주 시인 글쓰기 학교"를 열어 초·중·고등학생들과 일반부 모두에게 글쓰기 지도를 했다. 또한 나의 저서 『진주 씨의 꿈 사용 설명서』와 『5년 후 나의 하루』가 출간되어 베스트셀러가 되기도 했다. '평생 글을 쓰며 글쓰기를 지도하여 사회에 봉사하자.'고 결심했던 20대 젊은 시절의 꿈을 모두 이루며 살고 있다. 글쓰기는 나의 사명이라 생각하고 시작했으나 이제는 소명으로 여겨진다.

전국 각지에서 강연 요청이 밀려왔다. 또한 H 신문 신년 기획 기사 "꿈꾸는 실버, 빛나는 실버"에 당당히 소개되는 영광도 누렸다. 그 덕분인지 초등학교에서 대학교까지, 사기업에서 공기업에 이르기까지 다양한 기관들로부터 강연 러브콜을 받았다. 그리고 내가 계속 해왔던 "군 장병 독서 코칭"은 20년 넘게 베스트 강연 프로그램이 되었다.

앞만 보고 달려왔더니 복이 넝쿨째 품에 안겼다. 나는 〈KBS 아침마당〉 '목요 초대석'에 베스트셀러 저자이자 명강사로 초대되었다. 그리고 그동안 공저 12권에 『그리움 0516』이라는 시집 말고도 『진주 씨의 꿈 사용 설명서』와 『5년 후 나의 하루』를 포함하여 15권 단행본이 출간되었다. 꿈꾸지 않았다면 이룰 수 없었던 일을 묵묵히 우직하게 이뤄냈다. 꿈꾼 목표가 이루어졌을 때 밀려오는 행복감을 무엇에 비유할 수 있을까?

꿈이 꿈을 낳는다는 것을 체험했다. 하나를 이루려 할 때에는 그토록 버거운데 그 하나를 이루고 나니 다음 꿈이 벌써 옆자리를 꿰차고 있다. 작년부터 새로운 꿈을 찾았다. 아프리카 선교 활동을 하게 된 것이다. 그곳에 학교를 짓고 우물을 파주는 프로젝트에 참여했다. '누구나 할 수 있어도 아무나 할 수 없다.'는 신념이 나를 부추겼고, 목표가 정해졌으면 결단을 내리고 행동으로 실천할 수 있도록 습관을 기르는 '자세'가 끝없이 나를 떠밀었다.

2020년부터 시작되어 무려 2년 반 동안 전 세계 사람들을 힘들게 했던 코로나19 팬데믹으로 잠시 끊겼던 봉사활동도 재개되었다. 퇴촌에 있는 〈아이너싱 홈〉 요양원은 내가 꾸준히 '웃음치료' 프로그램으로 봉사해온 곳이다. 웃을 일 없이 외롭게 지내시는 어르신들께 '웃음 선물'을 드리면서, 즐거워하시는 모습을 보면, 오히려 내가 치유되는 것 같다. 살아오는 내내 산전수전 겪으며 조바심 내면서 큰일들을 다 치러냈는데 그럴 만한 가치는 충분히 있었다. 그런 경험의 시간들이 쌓여 내가 봉사하는 삶을 살 수 있게 되었으니까.

매주 토요일에는 아이들에게 글쓰기를 지도하는 "글쓰기 교실" 수업을 한다. 주일이면 아이들과 예배를 마치고 동네 독거노인에게 들러 밑반찬을 건네고 말벗이 되어 주기도 한다. 하루와 일주일이 행복으로 채워졌으니 다른 누군가에게 전할 희망이 있어 여전히 꿈에 젖어 오늘을 산다.

인생의 터닝 포인트로 삼은 2021년으로부터 5년의 세월이 지났다. 그때 내가 "내 마음의 주인으로, 내 삶의 주인으로 살겠다."고 처음 결단했던 것처럼 지금까지 잘 지키며 살아왔다고 생각한다. 잘 따라와 준 내 '마음'이 고맙고 대견하다. 혼자 가면 외로운 길이지만 둘이 가면 동행길이 되는 그 길을 기꺼이 같이 걸어준 벗들이 있어 좋았다. 마음의 주인으로서 좀 더 강하게 매일 내 마음에게 부탁한다. 나머지 인생에서도 꿈꾸고 계획하는 모든 일에 좌절하지 말고 전진하라고. 나는 오늘, 지금, 여기 내 삶의 주인으로 당당하게 서 있잖은가. 모든 걸 누리며 사는 지금의 삶이 그 무엇보다 어찌 더 행복할 수 있을까!

5년 후 오늘, 나의 하루

꿈의 전도사

2026년 5월 16일

시간이 참 빨리 지나간다. 뒤돌아보면 아쉬움과 안타까움에 발을 동동 구른 적이 여러 번 있었다. 그럴수록 '꿈' 한 글자를 떠올리며 먼 길을 걸어왔다. "인생이 어디 내 뜻대로 내 맘대로만 이루어지는 것이냐"고 말들 하지만 나는 나를 믿었다. 도무지 이루어지지 않을 듯한 일에 무모하게 덤벼들었다. 도전의 종착지, 꿈의 종착역이 어디인지 기어이 한 번은 내 발로 디뎌봐야 하겠다는 뚝심으로.

"너는 늙어봤니? 나는 젊어봤다."는 말을 실감하는 요즈음이다. 젊음이 청춘의 특권이라면 나이 듦은 노년의 훈장이다. 청춘으로 살고 싶다기보다 지금처럼 나이 듦이 안겨주는 '재미'를 만끽하며 살아가고 싶다. 그런 면에서 보자면 오늘은 지나간 시간들이 점철되어 조화를 이루어낸 뜻 깊은 날이다.

오전 10시에 경기도 퇴촌면 호박골 관산 입구에서 "장복순 작가 북 콘서트"가 열린다. 출간을 계약하고 2달 전부터 출판사와 기획한 일이다. 더러 흔들리고 휘청댈 때도 있었지만, '내 마음의 주인'으로 살기로 다짐한 후부터 꾸준히 하루 루틴대로 실천해 왔던 노력의 보상이 이루어낸 결과다. 오늘 같은 날을 그리며 오랜 날들을 구르고 디디고 다져왔다.

이날을 축하해주기 위해 가족들은 물론이고 많은 분이 참석해주신다. 책쓰기 스승 김영돈 작가, 글쓰기 스승 어성호 작가, 고향 친척 오빠 장경표 금호타이어 대표 말고도 지인과 많은 팬 분들이 오신다. 저자 강연회 겸 사인회를 곁들인 오늘의 북 콘서트를 위해 나는 단단히 준비했다.

1부 사회는 『벼랑 끝 활주로』 김순복 작가가 맡았고, 2부 사회는 한국강사교육진흥원 상임이사인 윤중원 님이 맡았다. 점심식사는 호텔 요리사가 운영하는 출장 뷔페로 차렸고 포도주와 다양한 후식들이 준비되어있다.

1부 축사는 김영돈 작가와 어성호 작가에게 해주시라 미리 부탁했다. 축가는 과천대 명강사 과정 손수오 교수가 '유 레이즈 미 업(You raise me up)'을 불렀는데 관중들의 호응이 좋아서 앵콜 송까지 부른다. 초등학교 5·6학년 담임이셨던 정박신 선생님을 특별 초대 손님으로 모셔서 '나의 어린 시절'을 돌아보는 시간을 가지고, 교장으로 퇴직한 작은오빠 장완표에게 덕담을 듣는다.

2부 행사는 재미난 볼거리로 가득하다. 전 태권도 국가대표 출신 남동생 장길표 태권도 9단의 시범이 펼쳐진다. 함께 무대에 오른 태권도 5단 막내아들 덕에 더욱 든든하다. 삼촌에게 어린 시절부터 배운 태권도 솜씨가 만만찮다. 태권도 품새 시범과 멋들어진 겨루기 한판으로 2부 무대 분위기를 한층 끌어올린다. 관중들의 우레와 같은 함성 소리가 관산을 뒤흔든다. 달아오른 열기를 식힐 틈 없이 이어지는 순서에서 오늘의 행사 주인공인 나에게 노래 신청이 들어온다. 분위기와 열기에 후끈 달궈진 참이라 최애곡인 노사연의 '만남'을 부른다. 성황리에 북 콘서트를 마치고, 함께해 주신 분들에게 고마움과 아쉬움을 표하며 작별 인사를 나눈다.

오후 2시에는 퇴촌에 있는 〈아이너싱 홈〉 요양원에 1시간 동안 '웃음치료' 봉사를 하러 간다. 한 달에 두 번씩 봉사를 하는데, 오늘이 그날이다. 단골 오프닝 곡은 '섬마을 선생님', '울고 넘는 박달재'로 시작한다. 어르신들과 함께 신나는 노래를 부르고 쟁반 춤도 추다보면 웃음꽃이 피어난다. 유머를 곁들이면서 손뼉 박수로 즐거운 시간을 마무리한다. 살아온 날들보다 살아갈 날들이 짧은 어르신들에게 재롱을 부리며 행복을 나눈다. 좀체 웃을 일이 없는 그분들이 마음껏 웃을 수 있도록 최선을 다한다. 단 하루, 단 한 시간이라도 그분들이 나를 만나 신난다면 그것으로 대만족이다. 내가 지닌 끼와 재능을 어르신들에게 나누는 기쁨이야말로 '참 행복'이다.

　누구에게나 자신만이 지닌 고유한 재능이 있다. 흐르는 시간 앞에서 맥없이 죽치느니 시간을 '나누고' 싶었다. 처음 이런 고민을 했을 때가 떠오른다. 남편과 아이들만을 위해서 사는 평범한 주부로만 남지 않으려면 '무엇을 하면 좋을까?'를 생각해 보았다. 그러면서 나를 세심하게 살펴보았다.

　그리고 발견했다. 내 안에 있는 자그마한 재능을! 작은 재능 하나를 부여잡고 이 재능을 거뜬히 키워내려고 부단히 노력했다. 하나를 키우고 나니 곁다리로 또 하나가 따라붙었다. 꿈도 새끼 친다는 걸 알게 된 건 최고의 경험이었다. 작디작은 재능들을 하나하나 정성스레 키워 오늘처럼 어르신들에게 아낌없이 '나누는' 것이 최고로 잘한 일이라 여겨진다. 재능을 돌보고 키운 노력이 보람으로 돌아오는 기쁨은 혼자만 느낄 수 있는 기쁨이다. 여러 어르신들이 나의 자잘한 재능에 박수 치고 웃어주며 잠시라도 즐거워해 주시는 것이 내겐 커다란 축복이다.

　경치 좋은 카페에 자리 잡고 친구들과 어울려 차 마시며 수다나 떨며 세월을 보냈다면 오늘이란 없었을 것이다. 시간의 고마움을 일찌감치 알아차리지 못했다면 오늘 같은 날에 '나'란 존재하지 않았을 것이다. 하루 24시간이 모자라 안달하며, 큰 날을 위해 큰 나를 떠올리며 살아왔다. 그랬기에 오늘날까지 현역으로 살아가는 내가 있는 것이다. 현역으로 사는 인생이야말로 살맛나는 인생이다. 운명의 지도를 그렸고, 그린 대로 열심히 최선을 다해 살아온 나에게 스스로 격려와 칭찬의 박수를 보낸다. 여기저기에서 불러주는 이들이 있어 신난다. 온라인에서, 오프라인에서 거침없이 재능을 나누는 일만큼 신나는 일이 또 있을까?

내 인생의 봄날은 언제나 바로 '지금'이다. 겨울 없이 봄은 오지 않는다. 황량한 겨울에 시간을 아끼며 심고 가꾼 재능이 봄에 새싹으로 움텄다. 꿈의 씨앗은 뿌리기만 하면 100% 자라나 성장한다. 나는 꿈의 전도사를 자청하며 이곳저곳에 또 다른 '꿈 씨앗'을 분양할 것이다.

아침에 눈을 뜸에 감사하다. 재능을 점검하고, 발전시키고, 나눌 수 있는 소중한 하루가 또다시 주어졌기에 삶은 결코 단조로운 반복이 아니다. 동이 터서 하늘 중천에 해가 떠올랐다 아름다운 노을을 만들며 지는 때까지 모두에게 빛을 비추는 찬란한 태양처럼 빛나는 시간들의 연속이다. 오늘은 더욱 그런 날이다.

5년 후 내가 나에게

흑진주가 전하는 끔

    다가올 미래는 누구도 알 수 없는 세계이다. 단지 그 미래가 좀 더 행복하고 풍요로운 시간이 되기를 소망하며 주어진 하루하루를 '마음의 주인'으로 한 걸음씩 성실히 살아갈 뿐이다. 그렇게 살아온 5년을 돌아볼 때 비록 숫자에 불과한 나이는 5년만큼 늘었지만 지금 나는 오히려 그 어느 때보다 평온한 마음으로 풍요로운 삶을 누리고 있다.

  한 번뿐인 인생인데 고난 없이 살면 좋으련만 그렇지 못한 것이 세상살이이기에 이 세상을 고해(苦海)라 하는 것이겠지. 무엇을 하려고만 하면 가는 길목마다 '고난'이란 녀석이 똬리를 틀고 노려보고 있었다. 소설이라 할 만큼 내 삶은 롤러코스터와 같았다.

"죽어도 좋을 만큼 힘드니?"

"아니, 아직은 참을 만해!"

신은 죽음에 가까이 있는 자를 먼저 알아본다고 했던가. 삶의 한 모퉁이를 돌 때마다 죽어라 짓누르는 삶의 무게가 고단했다. 모든 걸 내려놓고 차라리 훌쩍 떠나고만 싶었다. 물러설 수도 비켜설 수도 없었다. 그저 부딪쳐 통과해 내야만 했다. 그럴 때마다 거칠 것 하나 없는 허공에다 대고 크게 외쳤다. 절망과 포기를 떠올리며 한껏 목청을 돋울 때면 마음속 어디선가 울려오는 소리가 있었다. "죽고 싶다!"는 나의 처절한 외침에 "죽어도 좋을 만큼 힘드니?" 라는 물음은 도대체 어디서 어떻게 생겨난 말이었나. 뜬금없이 '좋을 만큼'이라 물어오는 그 말에 나는 뒤통수를 맞은 기분으로 대답했다. "아니, 아직은!"

잘 웃고 후덕하게 생긴 내 외모만 보고 사람들은 "고생 안 하고 살았겠다."고 스스럼없이 말한다. 그건 모두 내 속을 모르기에 하는 얘기다. 신은 인간에게 그 사람이 견딜 만큼의 시련을 준다고 했던가? 그렇다면 그 말은 적어도 나에게만큼은 맞지 않는 말이다. 감당하기 힘들어 다음 날 눈을 뜨지 않았으면 하고 바라던 때가 여러 번 있었기 때문이다.

어디에 기대지도 못할 처지에서도 한 가닥 희망을 부여잡으려 애썼다. 마음속에 간직한 흑백사진 한 장이 나를 밀어 올렸고 이 세상에 나를 불러준 부모님과 내가 초대한 보물 같은 세 아이들이 나를 떠받치고 있었다. 내가 오뚝이처럼 다시 일어설 수 있게 만드는 원동력이었다. 힘들 때면 으레 부모님을 떠올렸다. '엄마, 아버지라면 이렇게 힘들 때 어떻게 하셨을까?'하고 생각하며 스스로 위안을 삼았다.

건축기술사 현장 소장으로 근무하던 남편은 어느 날 갑자기 일하던 중에 저체온증으로 쓰러진 뒤 이틀을 채 버티지 못하고 이승을 떠나 밤 하늘의 별이 되었다. 저체온증에 걸리더라도 보통 사람들인 경우 아주 위험한 병은 아니라는데 지병인 당뇨가 있던 남편은 그리도 허망하게 가족들과 작별하고 말았다. 졸지에 가장이 된 엄마인 나는 씩씩한 원더우먼이 되어야 했다.

"엄마 집에 돈 얼마 있어요?"

남편이 떠나고 얼마 되지 않던 어느 날 난데없이 막내아들이 물었다. 돌도 씹어 삼킬 한창 먹성 좋을 나이인 중2 사춘기 때였다.

"왜 또 치킨 먹고 싶어?" 치킨도 먹고 싶고 피자도 먹고 싶은데 은근히 엄마 눈치가 보였나 보다.

"엄마 돈 많아. 어서 시켜."

배달 온 치킨과 피자를 먹으며 별 뜻 없이 지나가듯 한마디 툭 내뱉었다. "퇴촌 시내까지 10번만 걸어가면 피자 한 판 시켜줄 수 있지..."라고. 그 말을 듣자마자 속마음 너른 아들 녀석은 그러면 그 피자를 안 먹겠다고 했다. 그 다음부터는 말 한마디라도 애써 가려서 하게 되었다.

발을 동동거리며 아등바등 살았지만 빚만 남기고 무심코 떠난 남편으로 인해 한동안 넋을 잃고 멍해 있었다. 버겁기만 한 현실에 아무런 대책이 서지 않아 주저앉아 있을 수밖에 없었다. 무엇을 어디에서부터 손대야 할지 그저 아득하기만 했다.

그럴 때 함께 하자며 손을 내밀어준 분들이 있었다. 그전까지 함께 꿈과 뜻을 나누던 분들이었다. "공저 쓰기에 함께 해요." 지극히 단순한

이 한마디에 자석처럼 끌렸다. 무엇이라도 해야 하는데 무얼 해야 할지 갈피를 잡지 못하고 있던 나에게 다음 삶을 이어갈 단초를 마련해 주었다. '할 수 있을까?'하는 두려움보다 '해보고 싶다'는 설렘이 앞섰다. 무슨 일이라도 해야만 하는 상황에서 앞뒤 재지 않고 도전했던 일은 대견하고 용감한 선택이었다. 시간이 지날수록 나의 선택이 가상한 행동이었다는 사실에 뿌듯할 뿐이다.

공저에 참여한 분들은 모두 나름 세상에서 자신이 위치한 분야에서 리더로 활동하며 이름을 알린 분들인데 그런 분들과 평생지기가 되었다. 덕분에 따라온 복된 일들이 한두 가지가 아니다. 소소한 일상에 감사하며 매 순간 기쁘게 살아가는 '자신'을 새로이 발견하게 되었다. 빚이 빛이 되었고, 미움이 사랑으로 바뀌었고, 힘듦이 기회로 탈바꿈했다.

당시에 썼던 『5년 후 내가 나에게』의 글대로 살자고 다짐했다. 무작정 따라하고 흉내 내다 보니 실제 내 꿈은 모두 이루어져 있었다. 글쓰기의 위력을 실감했다. 처음 쓸 때에만 해도 더러 무모해 보이고 실없어 보인다고 느꼈지만 마음을 고쳐먹었다. 적었던 꿈의 목록을 바꿀 의향은 애당초 없었다. 이 정도라면 얼마든지 해낼 수 있지 않을까 싶었다.

계획 없이 살았던 젊은 날의 삶을 떨쳐버리고, '내 삶의 진정한 주인으로 살자, 그런 하루하루를 맞이하며 계획대로만 살자.'고 다짐했는데 결과는 신비하리만치 놀라웠다. "오랫동안 꿈을 그리는 사람은 그 꿈을 닮아간다."는 말의 뜻을 누구보다 절실하게 깨달았다.

나는 책쓰기로 작가가 되었고, 여전히 강연가로 활동하며, 봉사 활동에도 열심을 내며 살아가고 있다. 5년만큼 성장했고 마음 넉넉한 사람으로 나눌 게 많은 삶을 살아가고 있다.

우리 아이들은 "엄마는 맨날 공부만 해요? 이제는 여행도 좀 다니시고 놀면서 편하게 지내세요."라고 말하지만 그건 아이들의 생각이고, 나라는 사람은 공부가 적성에 맞는다. 잘나서 하는 게 아니다. 기회의 신이 나에게 새로운 기회를 주었고, 나는 그 기회를 잡아 계획을 세우고 계획대로 따라가기만 하는 것뿐이다.

삶이 버거워 지칠 법도 한데 계속 꿈을 꾸고 도전을 멈추지 않았던 5년 전 나에게 격려와 칭찬의 편지를 쓸 수 있어 기쁘다. 여러 번의 위기로 인해 하마터면 이 편지를 쓰지 못할 뻔했기 때문이다.

"누나는 왜 저래?"라며 작은누나의 사춘기가 엄마를 힘들게 한다고 여겼던 막내는 오히려 정도가 더 심했다. 아빠와의 갑작스런 이별로 마음에 상처가 컸었나 보다. 엄마가 몰래 눈물 흘리는 낌새를 눈치 채고 "엄마, 울었어요?"하고 묻는 아들에게 나는 항상 아니라고 답했다. 나약한 엄마보다 강한 엄마이고 싶은 마음에서였다. 홀로 되어 아빠 몫까지 잘 해야 한다는 생각은 한시도 마음에서 떠나지 않았다. 미대에 다니던 큰딸아이를 끝끝내 졸업시키지 못한 일은 두고두고 마음에 짐으로 남아있다. 나는 아이들이 각자 제 갈 길을 가도록 키우고 싶었다. 고맙게도 아이들은 나의 바람대로 잘 커주었다. 큰딸은 아트메이크업 '유리브라우'라는 가게를 운영하고, 둘째는 대기업에 다니고 있으며, 막내는 전 국가대표였던 외삼촌에게 '태권도 테라피'를 배우는 중이다.

'괜찮아. 이젠 다 괜찮아.' 5년 전 그토록 고민이 많았던 장복순, 한국신지식 36호 흑진주 시인 장복순! 너는 지금도 잘 살고 있단다. 아직 오지 않은 너에게 격려를 보낸다. 힘내라, 힘! 여기엔 너를 응원하는 또 하나의 내가 있단다. 오로지 행복해하는 너의 모습만 떠올려줬으면 좋겠어. 꿈을 기억하며 하고픈 '일'을 하는 게 나를 기쁘게 하는 최고의 방법이거든. 모든 일이 순조롭게 지났으니 힘들어도 가뿐한 마음으로 건너와 줘. 그게 내가 네게 이르는 길, 네가 내게 다다르는 길이야.

내 인생의 흑백사진 한 장
지게와 발채

5년 후 삶의 모습
톡톡(talk talk) 건강메신저

5년 후 오늘, 나의 하루
젊은이와 함께하는 건강한 현역

5년 후 내가 나에게
보헤미안 토마스

정문성

- 현 소상공인, 전직 회사원, 이학박사 〈통합의학〉
- 끊임없는 도전으로 인생 2막에 통합의학박사를 취득하여 '톡톡 건강 메신저'로 활동하며 나눔과 희망을 전파하고 있다

내 인생의 흑백사진 한 장

지게와 발채

'아버지의 지게와 싸리나무 발채'는 세 번째 30년을 살아가고 있는 지금도 여전히 내 가슴 한가운데 선홍빛으로 남아있는 사진 한 장이다.

한창 감수성이 예민했던 사춘기 시절에 나는 사춘기를 잊고 살아야 했다. 인생의 시련을 경험해보지 못한 부모님에게 닥친 집안의 몰락은 내 삶을 송두리째 바꾸어 놓았다. 몰락의 소용돌이는 고스란히 나에게 몰려왔고, 7남매의 막내였던 나는 그때부터 집안을 짊어져야 하는 애늙은이로 살게 되었다.

부모님은 세상에 남부러울 것 없이 살아오신 분들이었다. 아버지는 황해도 아흔아홉 칸 집 둘째 아들이었고, 어머니는 황해도에서 손꼽히는 무역상 집 딸이었다. 어머니는 두 분의 화제가 되었던 결혼 이야기를 자주 들려주곤 하셨다.

　부모님은 일제 강점기로부터 해방이 되면서 북한에 몰아친 지주계급 추방 및 학살을 피해 빈손으로 남한으로 탈출해 오신 실향민이셨다. 남한으로 피난 온 많은 실향민들은 열심히 일을 하여 가난을 극복하였지만, 부모님은 잘 살았던 후유증인지 모르지만 생활력이 그다지 강하지 못하여 늘 가난이란 꼬리표를 달고 살았다.

　설상가상으로 부모님이 가장 아끼던 누나의 암 발병으로 우리 가족은 좌절의 늪에 빠지게 되었다. 누나를 살려내기 위해 아버지께서는 마지막까지 남겨 놓으셨던 반지까지 팔아 치료비에 보탰지만 얼마 가지 못하고 누나는 세상을 떠나고 말았다.

　식구들의 생계를 고민하시던 부모님은 농촌으로 가면 경제적인 어려움을 풀어 갈 수 있으리라 생각하시고 강릉의 작은 농촌마을 포남동으로 이주하였다.

　사춘기 시절, 우리 가족에게 몰아닥친 가난의 고통은 인생의 굴곡을 한꺼번에 경험하게 하였다. 어린 마음에 내가 일을 해야만 식구들이 밥을 먹을 수 있다고 생각했다. 그때부터 나는 내가 우리 가족의 생계를 책임져야 한다는 압박감에 시달리며 공부보다는 일에 매달리게 되었다.

　부잣집 아들로 곱게 자란 아버지는 농사의 경험도 없으셨을 뿐만 아니라 생활력이 턱없이 부족한 상태에서 가족을 책임져야 한다는 압박감이 크셨다. 가장으로서의 책임감의 무게 때문에 불안과 초조함에 시달리던 아버지는 그 무게를 술에 의지하기 시작하셨고, 시간이 흐르면서 술을 찾는 횟수가 잦아졌다. 술에 약한 아버지가 술을 자주 마시다 보니 건강까지 악화되었다. 이를 옆에서 지켜보던 어머니는 가족의 생계와 더불어 아버지의 건강까지 걱정을 해야 하는 이중고에 시달렸다.

마음이 약하고 손이 바지런했던 나는 아버지의 초라한 가장으로서의 실망감을 덮어드리고 싶은 마음에 평생 해보지 않았던 농사일과 가축 사육 등 궂은일을 도맡아 하면서 사춘기를 보냈다. 작은 체구에 먹거리가 부족하여 제대로 먹지도 못했던 나는, 일이 힘에 부칠 때마다 아버지에 대한 원망과 서운함으로 늘 신경질적이었다.

고등학교 2학년 때의 어느 날이었다. 친구들은 일찍부터 대학입시를 준비하고 있었지만, 나는 그날도 예외 없이 낫을 들고 쇠풀을 베러 나갔다. 쇠풀은 가축의 한 끼 사료를 대신할 수 있기 때문에 매일 해야 하는 일과였다.

그날따라 아버지가 동행하셔서 힘을 보태주시려 했는데 나는 아버지의 가장으로서의 무능함에 대한 원망으로 마음이 불편해서 오히려 혼자 일하는 것만도 못했다. 한참 공부에 열중해야 할 나이에 지게 위의 커다란 발채 가득 풀을 채워야 하는 내 처지가 억울하고 서러워서 손이 부르르 떨렸다. 쇠풀을 베어 지게 발채에 채우기 위해 나르던 중 낫이 바닥에 있는 줄 모르고 발로 낫을 차게 되었다. 순간 오른발 안쪽 깊이 낫이 박혀 저릿한 통증과 함께 피가 쏟아졌다. 심한 통증과 함께 두려움과 공포가 밀려들어 나는 울음 섞인 비명을 지르고 말았다. 순간

아버지는 당신의 윗도리를 급히 벗어 던지고, 누런 때 묻은 러닝셔츠를 찢어 내 피나는 발을 감싸주셨다.
"문성아! 너 괜찮은 거냐?"
찢어진 러닝셔츠로 발을 감싸주시던 아버지의 희끗희끗한 머리와 아들의 발을 동여매고 있던 아버지의 가늘게 떨리는 깡마른 손을 보며 나는 하염없이 울었다. 그때 그 옆에 서있던 '지게와 발채'가 조용히 나를 바라보고 있었다. 그날, 그동안 마음속에 응어리졌던 무능한 아버지에 대한 원망이 내 마음속에서 눈 녹듯 사라졌다.

한때 순탄하기만 했던 아버지의 삶이, 가장으로서 식솔을 책임져야만 하는 인생의 무게가 지게 위에 두 팔을 벌리고 있는 싸리나무 발채와 같은 모습이 아니었을까? 그 후 나는 '지게와 발채'를 볼 때마다 아버지의 삶의 무게가 느껴져 가슴이 아련해왔다.

지금으로부터 20년 전 나는 안정된 직장을 떠났다. 나 스스로 더욱 열심히 일을 하면 더 많은 보상을 받지 않을까 고민을 거듭한 후 지인과 작은 전자제조업을 시작하였다. 하지만 세상은 녹록하지 않았다. 자체 제조업을 강화하기 위하여 대기업이 그동안 제공해왔던 핵심부품 공급을 중단하는 바람에 흑자도산을 해야만 하는 어려움을 겪었다. 다시 네덜란드에 가서 텔레비전 조립공장을 시작했으나 주문 부족으로 몇 해를 넘기지 못하고 중단해야만 했다. 그러나 더 이상 떨어질 곳 없는 바닥이라는 생각으로 마음을 굳게 먹고 툭툭 털고 일어났다. 아버지가 늦은 나이에 감당해야만 했던 지게와 발채의 무게를 생각하면 어떤 어려움도 이겨낼 수 있었다.

　나는 나의 세 아이들에게 미국에서 공부할 수 있는 기회를 주었다. 아이들이 세상의 중심에서 마음껏 꿈을 펼칠 수 있게 해주고 싶었기 때문이다. 우물 안 개구리를 벗어나 아버지를 뛰어넘어 한껏 꿈을 펼칠 수 있는 기회를 주고 싶었다. 아이들은 믿는 만큼 자라주었고, "그동안 잘 키워주셔서 감사합니다. 지금부터는 저희가 알아서 저희 길을 가겠습니다."라고 할 만큼 성장했다. 부모로서 이보다 더 행복한 일이 어디 있을까? 세상 어느 곳에 내놓아도 자기답게 당당하게 살아가는 아이들의 힘은 부모로부터 배운 책임감에서 나온 것이라 생각한다.

　'지게와 발채'는 내 사춘기의 주홍글씨다. 하지만 그 주홍글씨는 내 평생의 동력이 되었다. 학업을 마치고 첫 직장에 들어가 열사의 나라 중동에 산업역군으로 다녀오고, 사랑하는 사람을 만나 세 아이를 낳고, 한 순간의 잘못된 판단으로 직장을 잃어 가장으로서의 중압감에 시달리고, 지독한 선임을 만나 세상의 쓴맛을 보며 살아오는 동안 아버지는 늘 말씀하셨다.

　"문성아! 너 괜찮은 거냐?"

　어느 날 주마등처럼 머릿속을 스쳐 가던 지나온 인생의 복잡다단하고 무거웠던 기억의 쓰레기 더미를 나는 저 넓고 푸른 동해바다에 던져 버리고 솜털처럼 가벼워진 마음으로 돌아왔다. 그리고 말했다.

　"아버지, 저 이제 괜찮아요!"

　이제 나는 내 인생의 주인으로서 영원한 현역으로 세상의 중심을 관통하고 있다. 인생의 2막은 내가 그동안 살아온 삶의 방식들을 내려놓고 내가 하고 싶은 일에 도전하며 살아가고 있다. 대학교수의 꿈을 실현시켜준 통합의학 박사학위 취득도 그러한 도전의 하나였다. 운동도 꾸준히 하며 건강관리에 힘쓰고 가족들에게 본이 되는 삶을 살고자 한다.

자신의 속옷을 찢어 아들의 상처를 싸매주시던 아버지는 지금 내 곁에 없고, 나는 어느덧 그 아버지의 나이에 이르렀다. 그 많은 날들이 어떻게 흘러갔는지 알 수 없다. 하지만 나와 아버지를 바라보던 '지게와 발채'는 언제나 내 마음속에 남아 있다. 낡고 빛바랜 모습이지만 내 마음에 힘이 되어준 '아버지의 지게와 싸리나무 발채'는 아직도 나를 잡아주는 내 인생의 흑백사진이다.

5년 후 삶의 모습

톡톡(talk talk) 건강메신저

    인생 3번째 30년에 입문을 하면서 새롭게 시작했던 바이오 비즈니스가 2026년인 올해로 3년차를 맞게 되었다. 건강에 관련된 사업이라 신중하게 접근하다 보니 사업의 활성화는 미진하다. 하지만 이런 상황에서도 나는 여유와 기대감으로 충만해 있다.

  5년 전까지만 해도 상상하기 어려웠던 내 모습을 보고 나는 스스로 놀란다. 어떤 일이든 미리, 빨리, 조급하게 성과를 내야 했으며 언제나 책임감과 의무감에 사로잡혀 살았던 내 전반기와는 사뭇 다른 모습이기 때문이다. 5년 전 '내 마음의 주인'으로 살기로 다짐하고부터 마음에 휘둘리지 않고 내 마음을 잘 살피며 다스려왔기에 이제 나는 중년의 특권을 누리며 삶을 즐길 줄 아는 사람으로 살아가고 있다.

  5년간 거의 빠지지 않은 새벽 수영을 마치면 내 하루가 시작된다. 함께 수영을 마친 회원 몇몇과 나누는 간식과 커피 한 잔의 시간은 내 중년의 건강과 여유를 가져다준 행복한 하루의 시작점이다. 한창 때 같으면 숨 쉴 틈 없이 몰아붙였던 시간이다. 나는 이 시간에 사람들과 생활 속의 유머와 살아가는 이야기를 여유롭게 나눈다. 이 여유로운 시간이야말로 내 인생 후반기의 가장 큰 선물이다. 결과에 연연하지 않으며 매 순간에 집중하여 살아가는 자세는 5년이 지난 지금도 나를 설레게 한다.

영원한 현역으로서의 일, 재능기부를 통한 봉사활동, 여행과 건강을 통해 여유를 누리는 삶. 이것이 2026년, 내가 다져온 성공의 모습이다.

첫째, 나는 매일 출근한다. 평생 엔지니어로서 영업을 몸에 익힌 덕분에 나는 출근하면 바쁘게 움직인다. 출근하자마자 e-메일을 열어보고 외국 비즈니스 파트너에게서 온 메일을 하나하나 읽으며 답을 해준다. 내용이 소소한 것이라도 늘 성의껏 답장을 해주는 이유는 그들에게 신뢰감을 주기 위한 것이며, 그 결과는 언제나 좋은 결실로 되돌아오곤 한다.

둘째, 나는 재능기부를 통해 나눔을 실천한다. 재능기부는 두 가지 분야에 초점을 두었다. 하나는 의료사각지대인 시골 지역의 독거노인들을 위해 면역력 강화를 위한 생활습관, 식습관과 자기건강관리법, 올바른 자세교정 및 척추관리법 등을 가르쳐 주는 것으로 동양의학표준과학원의 교우들과 함께 봉사활동을 진행하고 있다. 의료의 손길이 닿지 않는 시골 벽지지역, 중소도시의 독거노인을 대상으로 한 의료봉사는 기쁨과 보람을 주고 있다. 다른 하나는 건강과 의학에 관심이 있는 젊은이들에게 사람의 신체구조, 체질, 기의 흐름, 체형 등에 관한 주제를 바탕으로 '건강의 가치와 젊음의 품격'에 관하여 전파하는 것이다.

처음 재능기부를 해야겠다고 생각했을 때 무엇을 하는 것이 받는 사람과 주는 사람 모두에게 보람이 될 수 있을까 심사숙고하였다. 그러던 중, 복지혜택의 손길이 미치지 못하는 시골이나 중소도시의 독거노인들과 경쟁 위주의 교육체제 속에서 자신을 잃어가는 소외받은 젊은이들에게 내가 가지고 있는 재능을 기꺼이 나누어 주기로 결심하게 되었다. 내가 살아오면서 경험한 건강한 신체와 건강한 마음의 중요성, 그리고 다양한 삶의 경험들과 시련극복 사례들이 많은 노인들과 젊은이들의 공감을 얻었다.

'의료봉사'는 나의 행보에 날개가 되어 날 수 있도록 해주었다. '건강메신저'로 활동하며 사람들의 마음과 몸을 치유하며 살아가다 보니 나는 영원히 봉사하는 현역일 수밖에 없다.

나는 또한 5년 전부터 "사람은 모두 서로 다른 작품이다"라는 주제로 젊은이들을 대상으로 강의 봉사를 하고 있다. 나는 『갈매기의 꿈』의 예를 들어 젊은이들에게 말했다. "대부분의 갈매기들이 중요하게 생각하는 것은 나는 것이 아니라 먹이를 구하는 것이었습니다. 그러나 조나단은 누구보다 멀리 나는 것을 사랑했습니다. 그러자 그의 부모님은 이렇게 말합니다. '남들처럼 먹고사는 것보다 중요한 건 없단다.' 그러자 조나단은 말합니다. '뼈와 깃털만 남아있어도 상관없어요. 저는 단지 창공에서 제가 할 수 있는 것은 무엇이고 할 수 없는 것은 무엇인지 알고 싶어요. 저는 단지 알고 싶을 뿐입니다.' 우리의 교육시스템 속에서 여러분이 얼마나 힘겹게 견디는지 잘 알고 있습니다. 여러분은 모두 여러분만큼 우주이고 독창적인 작품입니다. 날아오르십시오!"

　강의를 들은 젊은이들에게서 감사의 말을 들으면 나 스스로 존재감을 느끼게 된다. 젊음은 특권이며 열정이고 무한한 가능성이다. 어둠 속에서 빛을 찾을 수 있는 희망의 기백이다. 이런 젊은이들이 우리의 미래이다. 나는 이런 젊은이들과 우정을 나누며 청춘의 싱그러움을 맛본다. '나이가 들수록 입은 닫고 지갑과 귀를 여는 것'이 노년에 젊은 친구들을 사귀는 비법이란 사실을 나는 이미 잘 알고 있다.

　셋째, 나는 여행을 즐기고 건강을 유지한다. 나는 뒤늦게 통합의학을 공부하였는데 의학을 공부하면서 얻은 것은 나와 우리가족의 건강이었다. 사람의 신체구조를 이해하고 치유방법을 공부하는 동안에 몸에 이로운 '식단, 행동습관, 운동습관'등을 자연스럽게 체득하여 우리가족은 병치레 한번 하지 않았다.

　또한 2년 전에는 둘째 딸과 몽블랑 트레킹을 우여곡절 끝에 마쳤다. 코로나19라는 전 세계적 전염병으로 계획에 차질이 있었지만 백신의 일반화로 코로나19의 확산이 멈추어지면서 체력단련을 시작하였다. 새벽 수영과 근력운동을 병행하는 훈련을 통해 트레킹을 성공적으로 마칠 수 있었다. 땀으로 범벅된 몸으로 딸과 완주를 자축하는 포옹을 했을 때의 기쁨은 이루 말할 수 없었다. 장시간의 트레킹을 버텨내려면 근력이 중요함을 몽블랑 트레킹을 통해서 체험했다.

올 6월에는 스위스 체르마트와 마터호른 산 트레킹을 계획하고 있다. 이번 트레킹에서는 강인한 체력을 만들어 허약한 도전자들을 도울 수 있도록 하리라 굳게 마음먹고 체력단련에 힘쓰고 있는 나 자신에게 흐뭇한 미소를 보낸다.

5년 전 공저과정에는 우연히 참여하게 되었다. 여러 사람들이 책 한 권을 같이 쓴다는 정도의 관심을 가졌을 뿐이었다. 그러나 책쓰기 과정 중에서 "책을 한 권 쓰는 것보다 더 중요한 것은 자기 자신의 변화"라는 말이 귀에 꽂혔다. "운명의 지도를 그려나가자.", "더 이상 마음에 휘둘리지 말고 '마음의 주인'으로 살자.", "줄 것이 있는 후반기를 살자." 등 변화를 촉구하는 메시지가 전해졌다.

누구도 쉽게 넘을 수 없지만 누구나 넘어야 하는 임계점을 넘는 데는 '용기'가 필요하다고 한다. 임계점을 넘고 나면 어떤 환경에도 흔들리지 않는 긍정적 사고의 지점에 도달할 수 있다는 것이다. 물이 끓는 점 100도, 변화에 필요한 1만 시간, 한 분야의 책 100권 등이 변화의 임계점이라면 '의식 200의 용기'는 부정적인 의식에서 긍정적인 의식으로 진입하는 임계점이라는 것이다.

나는 가장으로서 식구들을 책임져야 하는 시점에서 직장을 잃어버리는 시련을 경험했다. 그때의 아찔한 중압감은 지금 생각해도 오싹하다. 그 지점에서 나는 포기하지 않고 '일의 우선순위, 해야 할 것'에 집중했다. 외벌이로 세 자녀를 유학파로 키워낼 수 있었던 저력은 바로 임계점을 넘으며 찾아낸 '긍정적 사고'였다.

　돌아보니 내가 살아온 노정 속의 모든 실패와 도전과 성취의 경험들은 나에게는 소중한 배움이었다. 앞으로 내 앞에 남아 있는 시간은 알 수 없다. 그러나 분명한 사실은 나는 아직 현역이고, '줄 것이 있는 삶'을 살아가고 있으며, 앞으로도 현역일 것이라는 점이다. 운명의 소용돌이 앞에서 나는 여전히 설렌다.

5년 후 오늘, 나의 하루

젊은이와 함께하는 건강한 현역

2026년 4월 24일

　새벽 5시, 휴대폰 모닝콜이 상쾌한 아침을 알려준다. 어제 저녁 반가운 친구와 좀 지나치다 싶을 정도로 술을 마셨지만 몸에 밴 습관은 모닝콜을 외면하지 않았다. 아침에 일어나자마자 빈속에 물 한 잔을 마신다. '아침에 마시는 물 한 잔'은 건강식이다. 나이가 들면서 습관을 진취적으로 바꿔나가는 것이 건강하게 사는 것이라 생각하며 물 한 잔의 행복과 비움의 습관은 꼭 지켜가고 있다.

　어젯밤부터 내리던 봄비가 새벽이 되면서 더욱 세차게 퍼붓는다. 마치 한여름 장맛비 같다. 그러나 건강한 생활을 위해 하는 수영을 비 때문에 거를 수는 없다. 코로나19 확산을 막고자 시행했던 정부의 '사회적 거리두기' 방침 때문에 할 수 없었던 기간을 제외하면 벌써 10년간 수영을 계속하고 있다. 수영은 나에게 정신적, 육체적 건강을 만들어가는 하루 시작의 핵심적인 활동이다.

오늘은 특별 강의가 있는 날이다. 종로 5가에 위치한 동양의학표준과학원 원생들을 위한 "동양의학의 과학화"에 대한 강의다. 우리의 한의학이 세계의 중심이 되기 위해서는 과학화가 필수적이다. 침, 뜸의 원리를 생리학, 내분비학, 면역학 그리고 정신신경학적인 연구 결과로 세계인에게 보여 주어야 한의학의 우수성을 알릴 수 있다. 원생들에게 미래의 포부를 만들어 준다는 생각에 오늘의 특별 강의를 준비하면서 부푼 가슴을 억제하기 쉽지 않았다.

내가 꼭 해보고 싶었던 일을 하고 싶어서 50대 중반부터 시작했던 의학 공부가 내게 '박사'라는 큰 선물을 주었다. 덕분에 '교수'의 꿈을 이루게 되었고, 그 이후부터는 내가 전부터 해오던 일을 줄이고 의학 공부를 하는 후학들을 가르치는 일에 더 많은 시간을 할애하였다. 오랫동안 내가 해왔던 일보다 금전적으로는 턱없이 적었지만 학생들을 가르치는 일에서 얻는 보람은 그것과는 비교할 수가 없다.

오전의 특별강의를 마친 후 몇몇 학생들과 함께한 점심식사는 꿀맛이다. 미래를 꿈꾸며 새로운 지식을 배워가는 학생들이 무척 대견스럽다. 젊은 학생들과 대화를 하다보면 나 스스로 젊어지는 기분을 느끼게 된다. 비록 '고희'는 지났어도 젊은 마인드로 신 중년의 삶을 살아가고 있는 나는 젊은이들과 열린 대화를 즐긴다. 대화 중 젊은 학생들의 기성세대에 대한 비판적인 의견들을 들을 때면, 나는 '청출어람(靑出於藍)'의 의미를 새기며 긍정적인 미래를 보는 것 같아서 좋다. 요즘 젊은이들은 우리 세대와 달리 하고 싶은 말이나 비판적인 말도 스스럼없이 하며 역동적으로 살아가고 있는 것 같아 보기 좋다.

점심식사 후 서둘러 S대학교 동의학생명과학연구소로 이동한다. 그곳은 박사학위를 받고 처음으로 일하게 되었던 연구소이며, 건강식품에 대한 연구를 하고 학생들에게 강의를 해왔던 곳이다. 꾸준한 산학 연구의 노력이 결실을 맺어 이제는 창업보육센터가 학교의 핵심이 되었다.

지난해 한 제약회사에서 산학연대의 일환으로 우리 창업단과 투자를 위한 업무협약을 맺었다. 젊은이들은 희망을 갖게 되고, 나는 보람을 느끼게 된 일이라 가슴이 벅찼다. 학교 대표로 업무협약서에 서명하면서 지금부터가 시작이라는 생각이 먼저 들었다. 세 번째 30년을 시작하며 출발한 사업의 첫 단추가 제대로 꿰어지고 있는 것 같았기 때문이다.

출범 후 첫 해에는 참담한 마음이 들었다. 통합의학과 학생 모집이 되지 않아 강의를 할 수 없었고, 연구소에는 적막만 흘렀다. 그러나 "하늘은 스스로 돕는 자를 돕는다."는 말처럼, 통합의학의 비전을 내세우며 민관, 유관기관 사람들을 만나 대화하고 설득하면서 통합의학에 대한 사람들의 관심과 이해의 폭을 넓혔다. 꾸준히 노력한 끝에 올해는 산학협력 사업에 학생들의 관심이 높아져 활기를 띠게 되었다. 젊은이들이 관심을 갖기 시작한 것은 큰 결실이었다. 오늘은 업무협약 1주년을 맞아 그동안의 성과를 자축하는 날이기도 하다. 70대 현역이라니! 생각만 해도 꿈만 같다.

  2020년부터 시작된 코로나19 확산으로 꽤 오랜 기간 해외에 나갈 수가 없다가 지구촌 대부분의 사람들이 모두 백신 접종이 끝나 집단면역이 형성되고 나서야 해외출장이 가능하게 되었다. 이스라엘과 유럽, 미국을 방문했는데 이스라엘은 내가 꾸준히 발전 장비의 품목을 공급해 주는 나라이며 유럽과 미국은 내가 시작한 바이오 분야 기술과 품목을 개발하는 데에 적합한 지역이었다. 지난 3년 여 기간 동안 유럽과 미국을 방문하여 많은 업체와 협의한 끝에 시장의 파급 가능성을 조사하였고 몇몇 사업은 업무협약을 통해 개발을 추진하기 시작했다. 덕분에 직원을 더 늘릴 수가 있었고 대학교 강의를 꾸준히 할 수 있는 여유가 생겼다.

  이른 저녁에 퇴근하여 서재에서 여유를 부린다. 이른 저녁의 이런 '여유'는 내 삶이 5년간 더 행복해졌다는 증거다. '차 한 잔의 여유와 음악'은 나의 치열한 삶 속에서 좀처럼 찾아볼 수 없었던 모습이다. 정서적으로 나를 순화시켜 주는 음악과 여유롭게 마시는 향기로운 차 한 잔은 내가 칠순이 넘은 나이에도 건강을 유지하는 비결이다.

  저녁이 되면서 비가 서서히 잦아들고 있다. 유리창에 번지는 빗물을 바라보며 마시는 차는 오늘따라 더욱 향이 풍성하게 느껴진다. 평안한 저녁시간이다. 오늘, 행복한 하루가 저물어 간다.

5년 후 내가 나에게

보헤미안 토마스

To. 토마스

  세월은 같은 속도로 흐르는 것이 아니라는 것을 이번에 알았네. 『5년 후 내가 나에게』 공저 과정을 시작한 2021년 이후부터의 시간은 평상시보다 더 빠르게 흘러간 느낌이라네. 마치 시간이 바람처럼 흘러서 이곳까지 나를 이동시켰다는 느낌이 드네. 아마 5년 전에 새삼 깨닫게 된 나의 가치, 내 삶의 의미가 나를 기쁨과 흥분으로 가득 차게 했기 때문일 것이네.

  현재의 내가 과거의 나에게 어떤 이야기를 해줄 것인가를 생각하면서 나는 그동안 살아온 내 삶의 방식을 바꾸고 싶었네. 더 보람되고 더 평화롭고 더 나은 결과를 만들어서 과거의 나에게 멋지고 보람된 삶을 살았다고 이야기해 주고 싶었기 때문이네. 그래서 아침부터 밤늦게까지 나의 발전을 위하는 것이라면 어떤 것이든 열심히 하면서 5년을 달려왔다네. 그래서 어떻게 되었느냐고? 결과를 빨리 듣고 싶은가?

나는 5개년 계획을 철저히 준비하고 잘 실행해 왔네. 철저한 계획과 그 계획에 준한 실행이라면 결과는 좋을 수밖에 없지 않겠는가? 무엇보다도 토마스 자네에게 고맙네. 내 말에 순종하며 흔들림 없이 결단한 것을 행동으로 옮겨 주었기에 좋은 결과를 얻을 수 있었네.

사업에 대한 사항은 만족하네. 나의 기준에 의한 평가로 보통인 C학점일세. 내가 대학에서 배운 전공으로 40년간 해온 일을 대폭 줄이고 새로운 일을 시작하여 맺은 결실이니 이만하면 훌륭하지 않은가?

오랜 세월동안 해온 일에만 더욱 매진을 했더라면 매출과 이익은 더욱 증대되었을 것이네. 이에 따라 경제적으로 더욱 풍요로워졌겠지. 그러나 나는 경제적인 풍요보다 새로운 일에 도전을 해보고 싶었고 새로운 보람을 만들고 싶었다네. 여기까지 오는 동안 긴 터널을 건널 때도 있었고 허탈한 마음이 들 때도 많이 있었다네. 어려운 상황이 발생할 때마다 내가 품고 왔던 '내 인생의 흑백사진' 한 장을 꺼내 보고 더욱 담담하게 위기를 넘기곤 하였지.

인생에서 새로운 일은 언제나 두려움이 뒤따랐지만 한 번쯤 도전할 만한 가치가 있었고 나에게는 인생의 활력소가 되었다네. 불확실한 결과를 두려워하여 가슴 뛰는 일에 도전을 하지 않는다면 후회의 나날이 계속 될 것이라고 확실히 말해주고 싶네.

토마스, 과거 자네는 늘 바삐 살아가면서 감당하기 벅찬 경험을 하지 않았나? 길 잃은 양처럼 애처로운 날도 있었고 허탈감으로 밤을 새운 날도 있었지. 가장으로서의 삶의 무게는 또 어떠했는가? 시간이 지나면서 삶의 안정을 찾았을 때 나는 종종 힘겨웠던 시절을 추억하며 그리워하기도 했지. 고난의 세월은 나를 지치고 힘들게 하였네. 그 세월이 없었다면 나는 더 편안하고 안락한 삶을 살았을지도 모르네. 하지만 내가 내 삶의 주인으로 5년을 보내고 나니 고난의 시간들이 결코 헛된 시간이 아니었음을 알게 되었다네.

 길 잃고 헤매던 순간에는 우왕좌왕했었지만 이 시간들이 내 삶의 올바른 길을 찾기 위한 노력 아니었겠는가? 시련을 잘 이겨냈기에 나는 '진짜 나'의 가치를 찾을 수 있었고 인생의 굴곡진 길도 소중한 길이었음을 알게 되었다네. 방황의 순간에도 삶의 끈을 놓지 않았던 것이 가장 큰 교훈이었네. 이는 사랑하는 가족에 대한 책임감과 가장으로서의 간절함이 있었기에 가능했던 것일세. 『5년 후 내가 나에게』를 시작한 이후 5년간 웃을 수 있었던 여유는 내가 가는 길에 진심과 간절함이 있었기 때문이라고 자네에게 말해주고 싶다네.

 토마스, 어떤 계획이라도 실천이 가장 중요하네. 실천은 인생의 숙제와도 같기에 하려면 귀찮기도 하고, 하면서 싫증이 나는 것은 당연한 이치이네. 이런 당연함을 무릅쓰고 계획을 실천으로 옮겼을 때 좋은 결과가 얻어지는 것 아니겠나?

 나는 건강을 위하여 새벽수영, 등산, 트레킹, 사이클, 헬스 등 나만의 건강 루틴을 변함없이 잘 유지하여 몽블랑도 마테호른 트레킹도 무난히 다녀왔다네. 친구들과 몽블랑 트레킹 이야기를 할 때마다 결국 해냈다는 자부심 때문에 얼마나 뿌듯하고 신바람이 나는지 모르겠네.

그러나 많은 도전들이 2026년 지금의 나만큼 만족할 만한 결과를 만들지 못했다 하더라도 실망하지 말게. 인생이란 예측불허의 끝없는 추구의 과정이 아니던가? 이쯤에서 난 자네에게 꼭 해주고 싶은 이야기가 있다네.

토마스, 결과에 연연해하지 말고 그냥 마음 가는 대로 살아가시게. 인생에는 정답이 없다고 하지 않던가? 어떤 사람이든 직업에 귀천이 없고 삶에 격차가 없다네. 인간에 대한 차별이 아닌 차이를 인정하는 통찰이 삶을 성숙하게 한다네. 사업에 성공한 사람들만 인생을 더욱 잘 산 것은 아니지 않는가? 하루를 살아도 진심이 담긴 삶, 사막 길을 가더라도 마음이 담긴 길을 걸어가야 한다는 뜻이라네. 겨우 5년의 시간을 더 살아온 내가 자네에게 큰 형처럼 이야기하는 것이 아니라네. 이제 나는 누군가의 인생에 대하여 조언을 해줄 수 있는 작은 진리를 경험을 통해 깨우쳤다네. 단 하루도 허투루 살지 않고 내가 하는 모든 일에 진정성을 담았기 때문이라네.

행복은 내가 선택할 수 있는 권리라네. 결코 다른 사람이 만들어 주는 것이 아니니. '보기 좋은 떡'이 더 맛있게 보일 수는 있지만 '눈물 젖은 떡'이 행복의 원천임을 난 경험을 통해 알게 되었네. 자네에게 행복이란 과연 무엇인가? 부귀영화가 행복이던가?

5년간의 계획에 봉사를 포함시켰던 이유는 진정한 행복을 찾기 위해서였네. 젊은이들에게 젊음의 가치와 도전에 관하여 전파하면서 남에게 무언가를 줄 수 있다는 것이 얼마나 소중한 것인지를 실감했다네. 나는 다시, 앞으로 '5년 후의 나'를 기대한다네. 물론 봉사시간은 두 배 이상 늘어날 것이네.

　토마스, 마음의 주인으로, 내 인생의 주인으로 살아오면서 자네에게 꼭 전해주고 싶은 말이 있네. 가족은 그 자체로 사랑이네. 어떤 의무감으로 가족을 대한다면 아내에게나 아이들에게 상처를 줄 수 있다네. 가족은 편하고 가까운 사이이지만 가까운 사이일수록 분명하고 정확하게 의사를 표현하고, 서로의 자율성을 인정해 줄 수 있어야 한다네. 가족에게 주는 상처는 골이 깊어 아무는 데 많은 시간이 소요된다네. 가정은 내가 어려울 때 쉴 수 있는 힐링의 공간이라네. 아내는 내면의 힘, 아이들은 새롭게 솟아오르게 하는 힘을 만들어 주기 때문에 어떤 어려움도 극복할 수 있지. 가장이라는 명목으로 한때 조급하고 경솔하게 했던 행동들을 반성하면서 앞으로는 가족 사랑의 깊은 의미를 다지는 노력을 게을리 하지 않을 것이네.

　토마스, 이 편지를 쓰는 순간에도 과거의 내가 생각나네. 열정만 앞서서 시행착오를 겪었던 내가 안쓰럽지만 그래도 어깨를 토닥거려 주고 싶네. 잘했다고 칭찬해주고 싶네. 남들이 보기에 화려한 명예, 세상을 바꾸는 성취, 엄청난 부를 이루지는 못했지만 '열심히 살아낸 사람'이라는 인정이라면 최고의 찬사라네. 나는 이 평판 하나만으로 자네를 칭찬해주고 싶네. 자네를 위해 힘차게 박수를 치네. 내가 언젠가 그랬지 않았는가? 나에게 스쳐 간 한줌 바람, 공기, 인연, 그리고 시간도 소중한 나의 선생님이었다고 말일세. "좋은 스승 아래 좋은 제자가 난다."는 말처럼 나는 좋은 삶을 살아가고 있는 이 시대의 현역일세. 그래서 아직도 나는 풋풋한 마음의 소유자이고 설레는 마음을 가진 청년이라네.

토마스, 자네는 최고의 가장이자 인정 많은 친구라네. 자네를 진심으로 사랑하네.

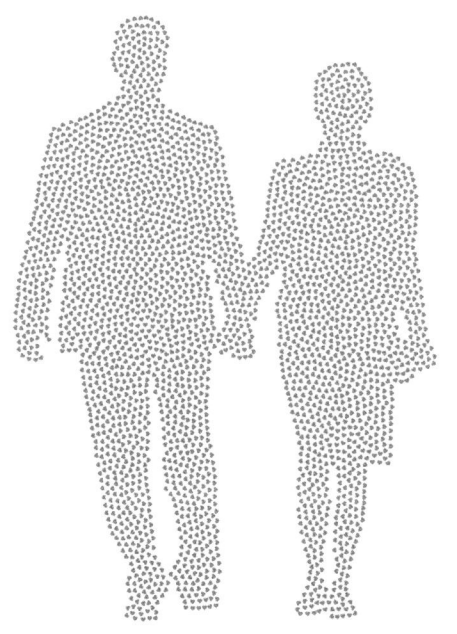

내 인생의 흑백사진 한 장
가족사진 두 장

5년 후 삶의 모습
정인평생교육개발원

5년 후 오늘, 나의 하루
늦깎이로 이룬 작가의 꿈

5년 후 내가 나에게
중년의 소녀, 작가 되다

최혜경

- 정인평생교육개발원대표, 사회복지학 석사
- 프리랜서 강사, (재)광주평생교육진흥원 SNS기자
- 광주예술심리치유센터 부원장
- 비폭력 대화를 통하여 부모와 청소년의 마음치유를 돕는다

내 인생의 흑백사진 한 장

가족사진 두 장

누구에게나 추억의 사진 몇 장씩은 있을 것이다. 내게는 소중한 2장의 흑백사진이 있다. 한 장은 4~5세경 아빠와 단 둘이 찍은 사진이고, 또 한 장은 초등학교 6학년 때 엄마와 동생 그리고 나 이렇게 셋이서 함께 찍은 사진이다.

아빠와 단 둘이 찍은 사진은 60년대 말, 아빠가 돌아가시기 서너 해 전에 찍었던 사진이다. 새마을운동이 시작되면서 마을에 하수도 공사를 했는지 커다란 도관 위에 올라가 아빠 무릎에 앉아 있는 나는 단발머리의 촌스럽고 깡마른 아이의 모습이었다.

"언니, 아빠랑 나랑 둘이 찍은 사진을 보니 아빠가 농사꾼이 아닌데, 어디 다니셨어?" 나의 물음에 언니는 "어, 농촌지도소에 다니셨어."라고 대답해 주었다. 동생이 태어나기 전의 사진이다. 아빠와 함께 찍은 사진은 아빠에 대한 기억이 거의 없는 나에게 아빠의 사랑과 존재를 느끼게 해주는 유일한 증거다.

친구들이 아빠 자랑을 할 때, 또 다른 친구네 집에 놀러 가면 친구 아빠가 "네가 ○○에 사는 ○○이 딸이냐?"라고 물을 때, 학교 가정통신문 빈칸에 아빠 이름과 직업을 쓸 수 없어 어린 마음에 열등감으로 한없이 우울해질 때, 난 아빠와 찍은 사진을 마음속에 떠올리며 '나도 나를 사랑해주는 아빠가 있어.'라고 생각하면서 자랐다.

내가 어릴 적 70년대 시골의 보통 가정은 형제나 자매들 나이가 일반적으로 두세 살 터울이었고, 형제자매가 여덟아홉 명이나 되는 집들도 꽤 있었다. 아빠는 내가 초등학교에 입학하기 전부터 아파서 엄마는 아빠랑 사랑을 나눌 시간이 없었단다. 아빠 병시중을 드느라 전답도 하나씩 팔고 생활고로 허덕이며 힘들었던 어느 날, 엄마는 아빠 품에 안겨 하루를 보냈는데 몇 달 후 배가 불러와서 동생이 생긴 줄을 알았다고 했다. 아빠는 동생이 태어나고 얼마 되지 않아 돌아가셨다. 그래서인지 엄마는 동생에 대한 사랑과 애잔함이 유난히 많다.

나와 동생 나이는 여섯 살 차이다. 내가 6학년 때 동생은 또래보다 1년 일찍 초등학교에 입학했다. 내가 초등학교를 졸업하기 전에 동생도 학교에 보내서, 1년 동안만이라도 내가 동생을 보호해줬으면 하는 엄마의 바람 같았다. 요즘으로 생각하면 아마도 학교폭력이나 왕따를 당하지 않도록 해야겠다는 엄마의 선택이었다고 생각한다.

우리 학교는 면소재지에 있는 학교라서 학생 수가 많았고 교사 규모도 컸다. 동생이 있는 1학년 교실은 운동장에서 바라보면 오른쪽이고, 6학년 우리 교실은 본관 뒤편에 2층짜리 건물이었다. 1학년 수업이 일찍 끝나면 동생은 6학년 우리 교실로 와서 나와 짝꿍 사이에 의자 하나를 두고 같이 앉아 있다가 수업이 끝나면 내 손을 잡고 집으로 돌아가곤 했다.

그 시절에는 학교에서 어버이날 행사를 했다. 어버이날이나 운동회 날은 농사일을 쉬고, 도시락을 싸와서 넓은 운동장에서 삼삼오오 모여서 점심을 먹었다. 학교 주변은 울타리나 벽돌담 대신 수령이 오래되어 우거진 플라타너스 나무가 쭉 늘어서 있었다. 그 나무 아래서 점심을 먹던 봄날로 기억된다. 남편을 먼저 떠나보내고 홀로 4남매를 키우며 살고 있던 엄마는 그날 '장한 어머니상'을 받았다. 그날 엄마는 사진사 아저씨를 불러 사진을 찍었다. 내 6학년 어버이날 엄마가 하고 싶었던 사치는 초등학교 다니는 '두 딸과 사진 찍는 일'이었나 보다. 그때 찍은 사진이 다른 한 장의 사진이다.

사진 속에 한복을 차려입은 엄마 모습은 쪽진 머리가 참 잘 어울렸다. 쪽진 머리는 '정절의 상징'이었을까? 나는 엄마 왼쪽 앞에 서 있다. 엄마가 장날 큰마음 먹고 사준 주황색 꽃무늬 셔츠와 하얀색 주름치마를 입고, 검은색 구두를 신었는데 스타킹은 커서 헐렁해 보였다. 나보다 한 발짝 앞, 엄마와 나 사이에 서있는 동생은 하얀 블라우스에 빨간 멜빵 치마를 입고 운동화를 신고 있는 귀여운 모습이다. 컬러를 묘사했어도 그때의 사진은 당연 흑백이다. 내 기억 속에 가장 고왔던 엄마의 모습은 긴 머리를 가지런히 빗어 넘겨 은비녀로 쪽지고 단아한 한복 차림으로 학교에 오셨을 때의 모습이다. 빛바랜 그 흑백사진을 볼 때마다 '울 엄마가 참 고왔었구나!'하고 생각한다.

언니와 오빠는 백일 사진이 있지만 나와 동생은 백일 사진이 없다. 언니의 말에 의하면 아빠가 투병 중이라 가정형편이 어려워지기 시작해 사진 찍을 마음의 여유가 없었을 것이라고 했다. 아빠와 함께 찍은 '가족사진'이 없었고, 아빠가 돌아가신 뒤에도 엄마와 사남매가 함께 찍은 사진 한 장이 없어서 늘 아쉬웠다.

그 빛바랜 사진 두 장은 내 마음의 빈곳을 채워주었다. 초·중등학교 때 소풍 가던 날 친구들과 찍은 사진은 많지만, 엄마와 동생과 찍은 유일한 가족사진은 내가 무척 좋아하고 아끼는 사진이다. 나는 이 사진을 지금도 가슴 깊이 품고 산다. 핸드폰이 보급된 이후 SNS에 사람들이 자신의 이야기를 공개하기 시작할 때, 나도 카카오스토리에 짧은 스토리텔링으로 그때의 사진을 올려놓았다. 그리고 가끔 마음이 헛헛해질 때면 열어서 보곤 한다. 평생 고생만 하여 거칠게 변해버린 엄마가 안쓰러운 생각이 들면 나는 마흔 중반이던 그 시절 고왔던 엄마의 사진을 꺼내 본다.

나는 내가 기억할 수 없는 영유아 시절에 아빠와 엄마의 사랑을 듬뿍 받고 자랐다고 믿는다. 나에게 '두 분의 사랑'은 어렵고 힘든 일이 찾아왔을 때 모든 일을 긍정적으로 생각하고 감사하는 삶을 살게 하는 에너지였다. 특히 아빠와 사별하신 후 홀로 우리를 키워주신 엄마에게 너무 감사하다.

  가족 앨범 속의 컬러 사진들이나 스마트폰 갤러리 안에 저장된 무수한 사진들과는 비교할 수 없는 흑백사진 2장, 그 사진들 덕분에 궁핍한 생활 속에서도 '마음의 여유'와 '정서적 풍요'를 알고 살아온 것 같다.

  프리랜서 강사로 활동하면서 교육현장에서 아이들과 학생들을 만나 이야기를 할 때마다 나는 흑백사진 속 나를 만나듯 애정 어린 눈빛으로 따뜻한 미소와 부드러운 말을 건넨다.

  뜨거운 여름에 사람들에게 시원한 그늘을 만들어주었던 나무가 가을이 되면 노랗고 붉은 단풍으로 물들 듯이 나도 가을 나무처럼 인생의 세 번째 계절과 마주하고 있다. 가을이면 예쁜 낙엽을 코팅해서 책갈피에 보관한다. 책갈피 속 낙엽처럼 버거운 짐들을 하나씩 하나씩 내려놓고 남은 내 인생을 소중하게 이루어가고 싶다. 자연의 순리처럼 단순하고 순일하게 가지치기하면서 '나도 이롭고 남도 이로운 일'로 세상과 소통하며 '당당하고 평온한 세 번째 계절'을 살아가고 싶다.

5년 후 삶의 모습

정인평생교육개발원

'성공이란 무엇일까?' 멋진 집, 고급 자동차, 많은 돈, 큰 건물, 안정된 직업, 명예, 봉사와 나눔 등 삶의 가치를 어디에, 무엇에 두고 사느냐에 따라 사람마다 성공기준은 다를 것이다. 5년 전 김영돈 작가의 『삐뚤어진 또라이의 작가일지』를 읽게 되었다. 제3장이 "성공한 인생은 한 권의 책으로 시작된다."였는데, 한 권의 책을 씀으로써 인생의 주제를 찾아 자기답게 살아가는 인물 11명을 소개하는 내용이었다. 그 글을 읽고 나도 용기를 냈다. 글쓰기는 어려운 삶 속에 갈팡질팡하던 때 참 잘한 선택이었다. 나에게 글쓰기는 치유였고, 희망이었고, 자신을 스스로 구제하는 변화의 첫걸음이었다.

평화 운동가이자 명상지도자인 '국제뇌교육협회' 일지(一 指) 이승헌 회장은 "얼스빌리지Earth Village프로젝트"라는 큰 비전을 65세라는 적지 않은 나이에 세웠다. 그는 『타오, 나를 찾아가는 깨달음의 여행』, 『나는 120살까지 살기로 했다』 등 많은 저서를 남겼는데, 그의 책을 읽을 때마다 가슴이 벅차다. 나는 이승헌 회장처럼 큰사람, 된 사람, 든 사람, 난 사람은 아니다. 그처럼 큰 비전을 세우지는 못했을지라도 소박한 내 삶의 목표는 '나보다 더 힘든 사람들을 도와가며 겸손하고 겸허하며 평온하게 사는 삶'이다. 인생을 사계절로 본다면 나는 지금 가을 길을 걷고 있다. 내가 세상에 온 사명을 다하고자 정리해 본다.

첫째, 건강한 습관을 갖고 있다. 새벽 3시 30분에 일어나 양치 후 물 한 잔, 그리고 새벽기도 후 책을 읽고 글쓰기 하는 루틴은 현재진행형이다. 6년간 해왔던 아침 수영은 비염과 천식을 앓게 된 뒤 그만두었다. 그 대신 요즘은 주 4회 이상 7천보를 걷고 월 2회 골프를 치고 있다. 내 체력에 맞고 재미있게 할 수 있는 운동으로 꾸준히 건강관리를 하고 있다.

둘째, 화목한 가정을 이루었다. 가정이 화목하기 위해서는 배우자와의 관계, 부모·자녀의 관계, 그리고 자녀교육이 중요하다고 본다. 남편과는 지금까지 큰소리 내지 않고 잘 살아왔다. 의견 차이로 화가 나거나 감정이 격해질 때는 일단 한 발짝 물러나고, 마음이 진정된 후에 다시 대화를 하는 것이 낫다는 것을 신혼 초에 깨우쳤기 때문이다.

아들 둘을 키우면서 큰아들은 문제없이 무난하게 자라주었는데 연년생이었던 작은아들이 사춘기를 심하게 겪으며 학업을 중단할 위기에 처했었다. 질풍노도의 사춘기 시절, 바람 앞의 촛불을 바라보듯 조마조

마하기도 했었지만, 작은아들을 믿어주고 기도했다. 나는 자유로운 영혼을 가진 두 아들이 다양한 경험으로 자신의 길을 찾아가길 바랐다. 두 아들을 키우며 나는 자녀교육은 부모가 강제로 끌고 가며 밀어붙이는 것이 아니라 자녀들에 대한 '이해와 소통과 존중'을 통해서 그들을 인격체로 대하며 신뢰해야만 올바르게 성장한다는 것을 깨닫게 되었다.

아들들은 대학을 졸업하기 전에 다 취업을 했고, 지금은 각자 가정을 이루어 잘 살아가고 있다. 나는 두 아들의 가정을 적당한 거리를 두고 바라보며 육아에 대해 지지할 뿐 간섭하지 않는다. 서로 이해하고 배려하며 화목한 가정을 이루어가기를 바라며 지켜보기만 한다.

셋째, 활발한 경제활동을 하고 있다. 나는 작은아들이 네 살 때 워킹맘이 되었다. 30년 넘게 일했던 사내 강사 일을 7년 전에 그만두고, 지금은 "정인평생교육개발원" 대표이자 현역 강사로 활동하고 있다. 주로 하는 강의는, 지구를 지키는 환경에 대한 '녹색소비와 자원 재활용', '웰 에이징과 웰 다잉' 그리고 '감정 코칭'과 '부모교육'이다. 앞으로도 강사활동은 계속 할 것이다. 5년 전 출간한 공저 『5년 후 내가 나에게』와 『엄마의 온도』 등 내가 쓴 책 3권을 가지고 다니며 강의를 한다. 60이 넘으니 친구들은 하나씩 하던 일을 접고 그냥 쉰다. 하지만 나는 아직도 왕성하게 강의와 글 쓰는 일을 하고 있다. 적당한 긴장감 속에서 건강하게 살고 있으니 얼마나 감사한가?

넷째, 여행과 휴식을 즐긴다. 여행과 휴식은 빼놓을 수 없는 삶의 한 꼭지다. 경험만큼 중요한 교육이 없기에 아이들이 어렸을 때부터 함께 여행을 다니며, 여행을 통해 아이들에게 많은 경험을 쌓게 했다. 아이들은 부모와 함께 여행을 많이 다녔던 것을 고마워한다. 지금 우리 가족은 2년에 한 번은 다 같이 해외여행을 간다. 가족끼리 가는 해외여행은 가족들의 의견을 수렴한 후에 두 아들이 알아서 계획을 짠다. 남편의 환갑과 작년 내 환갑에는 환갑기념으로 동유럽과 서유럽을 다녀왔다. 6년 전 결혼 30주년에 가려 했다가 코로나19로 해외여행이 막혀서 못 갔었다. 두 아들이 일하느라 시간을 내지 못할 때에는 남편과 둘이서만 젊은 연인들처럼 여행을 떠나기도 한다. 해외여행뿐 아니라 국내 명소도 다 함께 자주 찾는다. 여행 장소를 정할 때면 사찰이 있는 조용한 곳을 좋아하는 내게 맞춰주려고 배려해주는 두 며느리가 고맙다.

다섯째, 봉사와 나눔의 삶을 살고 있다. 방학이나 주말에 아동·청소년 템플스테이를 하게 되면 나도 함께 동참한다. (사)동련 광주지구 "숲과 함께하는 우리" 라는 프로그램으로 환경부 환경교육센터 공모사업이 선정되고부터 7년째다. 처음 공모에 지원할 때 소운 주지 스님의 권유로 담당 국장을 도와 프로그램을 구성 및 제안과 강사섭외를 했던 덕분이다. 그리고 월 1회 군 법당에 나가 일요법회를 볼 때 법사 스님을 도우며 포교사 자격으로 봉사한다. 월 작은 금액이지만 불교환경단체와 불교아동청소년을 위해 후원하고, 가끔 일시적인 후원도 할 수 있어서 감사하다. 나의 작은 봉사와 나눔은 천진불들에게 부처님 진리를 전하는 관세음보살의 자비이고 보현보살의 실천행이라고 생각한다.

여섯째, 좋은 친구들과 친교를 나눈다. 살다보면 사람들과의 만남과

헤어짐이 반복되고, 만남을 통한 관계 속에서 마음 맞는 분들과 깊은 사귐이 이루어진다. 나이테가 늘어가니 친구들이나 친구 배우자들도 한 명, 두 명 세상을 떠나는 일이 생긴다. 큰일을 겪을 때마다 친구들과 더 돈독한 관계를 유지하며 즐겁게 살아가는 일이 중요함을 깨닫게 된다. 또한 종교 활동을 하며 정을 나누는 인연도 많다. 신행생활을 하며 갖는 친교활동도 친구들과의 우정 못지않게 소중하다. 이제는 나도 되도록 좋은 인연들과 관계를 유지하며 친교도 선택과 집중을 하려고 한다.

일곱째, 기도와 신행생활을 열심히 하고 있다. 하루를 시작하는 새벽기도는 발원과 함께 마음공부다. 불교대학과 고불원에서 했던 경전공부는 '마음의 근육'을 단단하게 해주었다. 50대 초반 BBS, BTN 불교방송 산하단체인 '108산사순례단'과 '광주불교사찰순례단'에서 성지순례를 다닐 때 나는 총무팀장으로 봉사했다. 소임을 보면서 신심증장과 불교를 바라보는 눈이 더 깊고 넓어졌다. 그래서 '빛고을 연등회'나 '부처님 오신 날' 같은 큰 행사에 적극 참여하고 봉사한다. 봉사는 기도와 같다. 또 관음사 '붓다스마일 합창단'의 총무 소임을 보면서 할 수 있는 일은 성심을 다하려 한다. 부처님께 바치는 음성공양 역시 신심증장과 기도이다.

여덟째, 끊임없는 자기계발 즉 글쓰기 공부에 힘쓰고 있다. 공부를 계속 해야만 열린 마음을 갖게 된다. 6년 전 코로나19로 인한 팬데믹 상황에서 우리 사회는 급변했고 여러 신조어들이 생겨났다. 'n잡러', '부캐', '언택트 면접', '부머', '리부머', '코로나 블루', '돌밥돌밥', '확찐자' 등

등. 앞으로도 무수한 신조어가 만들어질 것이다. 신조어에서 알 수 있듯 세상은 무상(無常)하다. 잠시도 머물러있지 않고 끊임없이 변화한다. 젊은이들과 공감하며 소통하고 깨어있으려면 노년에 즐겁게 해야 할 놀이는 공부다.

  반세기를 훌쩍 넘게 살아온 삶을 구구절절이 말로 다 표현할 수 없지만 만만치 않은 세월이었다. 힘이 들 때면 '내 마음의 주인답게' 살지 못하고 옹졸해졌다. 작아지는 마음을 달래며 '이 또한 지나가리라.'하고 견뎌 온 삶이었다. 앞으로는 하고 싶은 일에 에너지를 쏟으며 조화롭고 균형 있게 살고자 한다. 내 앞에는 5년 전 글쓰기 과정을 시작하며 출간했던 공저 『5년 후 내가 나에게』와 내가 쓴 두 권의 책이 있다. 9명 작가들과의 만남은 내 삶을 변화시킨 '기적의 만남'이었다. 나는 올해 4번째 책을 출간한다. 진솔하게 나와 마주하는 글쓰기로 작가가 되었고, 내가 쓴 책을 들고 현역 강사로 살아가는 지금의 삶이야말로 '성공한 내 인생'이다. '읽기 위해 쓰고, 쓰기 위해 읽으며' 나는 매일매일 설레고, 새롭고, 즐겁다.

5년 후 오늘, 나의 하루

늦깎이로 이룬 작가의 꿈

2026년 4월 24일

눈을 뜨니 새벽 3시 30분이다. 4시 전에 일어나기 시작한 지가 벌써 5년째다. '조금 더 누워있을까?' 생각하다가 내 마음에게 명령했다. '혜경아, 오늘은 약사재일이야. 일어나 얼른!' 침대에 걸터앉아 두 손을 깍지 끼고 머리 위로 높이 스트레칭을 하면서, "감사합니다! 감사합니다! 감사합니다!" 습관이 된 '감사 삼창'을 한다.

20년 전 허리가 아파 새벽에 수영하러 다닐 때, 그리고 아이들의 대학 진학과 취업을 앞두고 기도에 정진하던 시절에는 새벽 3시 기상도 거뜬했는데 세상살이의 문제가 어느 정도 해결되니 마음이 느슨해져서인지 늦잠 자는 일이 많아졌다. 5시 넘어 일어나 새벽기도 후 일과를 시작했는데, 5년 전 내 인생의 새로운 터닝 포인트를 맞이하면서 일찍 자고 일찍 일어나는 '새 나라의 할머니'가 되었다. 아침에 일어나는 시간을 1시간 30분 앞당기게 된 것은 2021년, 새로운 지평이 열린 '글쓰기 공부'를 하게 되면서부터다. 그 이후로 새벽 3시 30분 기상이 일상이 되었다.

오늘은 금요일, 내 인생에서 '가장 젊은' 오늘이며, '어제 죽은 이가 애타게 살고 싶어 한 내일'이 선물처럼 주어진 하루다. 지난 8일이 '36주년 결혼기념일'이었기에 내게 4월은 의미가 깊은 달이다. 여느 때와 같이 보리차 주전자를 인덕션 위에 올려놓고 마실 물을 데우며, 헝클어진 단발머리를 핀으로 살짝 고정시킨다.

양치를 하며 거울을 보니 내 눈가에 잔주름이 보인다. 내 눈가 잔주름은 많이 웃어서 생긴 주름이라 자연스러워 보인다. 거울 속의 나를 향해 미소를 지었더니 거울 속의 나도 거울 밖의 나를 보며 환하게 웃어주었다. 서로 마주 보며 웃어주고 시작하는 아침이 얼마나 감사한지…

미지근하게 데워진 물 한 잔을 마시며 커피를 내린다. 양치 후 물을 마시는 습관은 10년 넘게 실천하고 있는 나의 좋은 습관 중 하나다. '아침에 마시는 물 한 잔' 덕분에 천식으로 힘들었던 건강을 회복하고 활력 있는 삶을 살게 되었다. 천천히 물을 마시는 사이에 다 내려진 원두커피의 그윽한 향이 온 집안에 퍼져 고소한 커피 향에 행복해진다. 새벽에 마시는 한 잔의 커피는 나의 말초혈관을 타고 온몸의 세포들을 깨우며 정신을 맑게 만든다.

커피를 마시고 시계를 보니 3시 45분, 인시다. 십재일이 아니어도 매일 새벽기도를 한 지 10년이 넘었다. 스님들께서 도량을 돌며 목탁을 치고 작은 생명까지 깨울 시간, 나는 기도하기 위해 삼배의 예를 갖추고 좌복(절방석) 위에 반가부좌를 하고 앉아 경전을 펴고 독송 기도를 한다.

1시간 기도를 마치고 나면 서재에 들어가 노트북을 켠다. 올해는 8월까지 4번째 책 출간을 계획하고 있다. 그래서 아침마다 글을 읽고 글쓰기를 하고 있다. 쓰고, 수정하고, 버리고, 다시 다듬고, 또 쓰고… 읽고 쓰기에 몰두하는 이른 새벽, 오롯한 나만의 시간은 내 삶을 성찰하는 기도의 시간이자 살아있음 자체가 기쁨임을 느끼게 하는 시간이다.

육성회비와 수업료를 내야 했던 중학교 3학년 때, 나는 담임 선생님의 배려로 학교 도서실에서 책을 대여해 주고 반납한 책을 정리하는 일을 하면서 학교를 다녔다. 지금처럼 전산화가 되지 않았던 때라 노트에 일일이 기록하여 관리하였다. 성적이 좋을 때는 학업우수자로 수업료 면제를 받았고, 성적이 떨어졌을 때는 도서관 일을 도와주고 수업료 면제를 받아 엄마에게 효도를 하며 친구들과는 조금 다른 학교생활을 했다. 그때 나는 '책 읽는 즐거움'을 터득했고 '평생 책을 가까이하는 습관'을 익혔다. 『상록수』, 『바람과 함께 사라지다』, 『주홍 글씨』, 『테스』, 『안나 카레니나』, 『대지』, 『싯다르타』 등 많은 책을 읽으며 나는 소설가가 되고 싶다는 막연한 꿈을 꾸기도 했다.

평생 남이 쓴 책을 읽기만 하던 내게 '글쓰기 공부'를 할 수 있는 절호의 기회가 왔다. 코로나19로 인해 사회 전체가 우울하던 5년 전, 인생 전환점에서 만난 또 한 분의 스승인 김영돈 작가를 통해 글을 써야겠다고 작정하면서 내 삶은 계속 변하게 되었다.

  가슴 속에서 꿈틀대던 내 꿈을 57세에 다시 발견하게 되었다. 글쓰기 수업을 받으며 "앞으로 어떻게 살아갈 것인가?"에 대한 동기부여를 받고 글을 써보기로 했다. 추천받은 '고미숙 작가의 유튜브 강의'를 들으면서 내 삶의 패턴은 변하기 시작했다. 예술이나 운동에 별다른 재주가 없어도 "누구나 할 수 있는 거룩하고 통쾌한 글쓰기"라고 강조하는 고미숙 작가의 말은 나에게 글을 쓸 수 있는 용기를 주었다. 젊은 작가들에 비하면 늦은 나이의 데뷔였다. 좋은 열매를 맺기 위해 나무의 가지치기를 하듯이, 글을 쓰는 일은 삶의 가지치기로 에너지를 충전하게 하고 심플한 삶을 살아가게 한다.

  치매 엄마를 돌보면서 죽고 싶을 만큼 힘들었던 5년 전 12월, 공동저자로 첫 책을 선보였다. 그리고 엄마에 대한 감정을 정리하며 나를 넘어서고 싶어서 쓴 책『엄마의 온도』를 출간했다. 어린 시절 가슴속에 품었던 꿈을 이루어낸 신축년은 축복받은 한 해였다. 그리고 환갑을 맞아 작년에는『할머니는 백조, 할머니는 귀요미』란 3번째 책을 출간해서 우리 절 충장로 〈관음사〉 대법당에서 북 콘서트를 성대하게 했다.『땅 끝 마을 아름다운 절』이란 책으로 유명한 금강스님이 두 번째 책『물 흐르고 꽃은 피네』를 출간하며 우리 절 법당에서 북 콘서트를 했었다. 나는 금강스님에 이어 관음사 대법당에서 북 콘서트를 하게 된 두 번째 작가가 되었다.

 글쓰기는 3명의 손주를 둔 지금도 진행형이다. '80세까지 람세스를 읽는 할머니로 살겠다'던 내 꿈은 '80세가 되어도 글쓰기 하는 할머니가 되자!'로 바뀌었다.

 55세에 사내 강사를 그만두고 나와서 프리랜서 강사 일을 시작했고, 62세가 된 지금도 프리랜서 강사로 현업에서 일할 수 있어 감사하다. 57세에 늦깎이 작가가 되어 5년이 지난 지금, 일상의 모든 것을 글의 소재로 삼아 노트북 자판을 부지런히 두드릴 수 있어 감사하다. 처음 글을 쓰려 할 때는 자신감이 없어 많이 망설였는데 용기를 갖게 해준 가족들에게 감사하다. 코로나로 인해 강의가 줄어들어 수입이 없었기에 글쓰기 수업료 때문에 고민할 때 수업료를 지원해 주며 지지와 응원을 해주었던 남편과 두 아들, 그리고 내 서툰 글을 읽고 감동했다고 눈물을 글썽인 며느리에게도 감사의 마음을 전하고 싶다.

 글을 쓰다 보니 어느새 오전 7시다. 아침 명상을 마친 남편은 출근 준비를 한다. 우리는 가벼운 허그로 아침 인사를 하고 각자 자기 업무에 충실하려 총총히 집을 나선다.

 오늘은 오전에 강의가 있어 기분 좋게 바쁜 날이다. 미리 준비해 둔 교육 자료를 살피고 노트북과 마이크를 챙긴다. 가까운 시내 초등학교 고학년 학생들에게 "녹색소비 실천을 위한 자원 재활용" 교육을 하는 강의다. 태어나서부터 스마트폰을 접하고, 무수한 일회용품들의 편리함 속에 살고 있는 아이들이라서 '일회용품이 우리 환경에 미치는 나쁜 영향'이라든지, '뜨거워진 지구를 살려내는 일'같은 이야기들은 자기네들과는 먼 이야기로 받아들인다. 마침 지난 22일이 '56회 지구의 날'이어서, 인간뿐만 아니라 동식물과 미생물까지도 함께 살아가기 위해 우리 모두가 지켜내야 할 지구가 겪고 있는 위기에 대해 아이들에게 수업하는 데 도움이 된 것 같다. 기후위기를 벗어나기 위해 생활 속에서 실천할 수 있는 방법들도 체험해 보았다. 지구공동체를 위해 발 벗고 나섰던 스웨덴의 '그레타 툰베리(Greta Thunberg)' 같은 환경운동가가 오늘 나와 함께 공부한 아이들 속에서도 나올 수 있으리라 기대해 본다.

  3시간 교육을 마치고 집으로 오는 길은 설렘으로 가득하다. 금요일은 항상 좋았지만 오늘은 더 좋은 날이다. 저녁에 성남에서 공저자 9명과 워크숍이 예정되어 있기 때문이다. 5년 전, 9명의 작가들은 『5년 후 내가 나에게』라는 책을 공동 출간했었고, 그 책은 모두의 노력과 진심이 통한 덕분에 베스트셀러가 되었다. 이번 워크숍은 나의 4번째 책 『행복의 보증 수표, 그것은 자비』 출간을 앞두고 갖는 만남이라 내겐 더 의미가 깊다.

  내가 없는 동안 허전할 남편을 위해 주말에 먹을 음식을 준비해 두려고 마트에 들러 싱싱한 채소와 과일을 샀다. 4월은 주꾸미가 맛있을 때여서 주꾸미도 조금 샀다. 재취업 후에도 불평 없이 성실한 남편을 위해 아내 역할을 잘 해주는 것도 내게는 중요한 일이다. 나이가 들면 누구나 '혼자 있는 독립적인 시간'이 필요하기에 내가 집을 비울 때 남편도 '자신을 만나는 시간'을 가지면 좋을 것 같다.

다른 날 같으면 이른 잠자리에 들 시간에 멀리 성남에 와서 공저자 모임을 가진다. '살아있는 한 쓰기'로 약속한 9명의 작가들은 "파이팅!"을 외치며 서로에게 뜨거운 응원을 보낸다. 자정이 다 된 시간에 큰아들이 나를 태우러 왔다. 아들과 며느리, 손주까지 볼 수 있어서 일거양득인 행복한 주말 나들이다.

5년 후 내가 나에게

중년의 소녀, 작가 되다

사람들은 누구나 남들이 들여다볼 수 없는 자기만의 숲을 거닐고 있다. 그것은 그 사람의 인생길이 된다. 내 인생에 영향을 준 흑백사진의 기억을 떠올리며 글을 쓰기 전에는 나는 나만의 슬픈 숲속을 유영하던 중년의 소녀였다. 어린 나이에 겪게 된 아빠의 이른 부재는 내 의지와 무관했던 일이었고, 엄마에게도 엄마의 의지와 상관없이 찾아온 남편과의 사별이었다. 척박한 오지에서 힘들게 이어간 엄마의 가난한 삶은 나에게 결핍감과 열등감이 내면 깊숙이 똬리를 틀게 만들었다. 인생 3막을 시작하는 중년이 되어서도 그 헛헛함은 사라지지 않았다. 흑백사진 두 장의 발견은 내 마음속의 슬픈 방황을 극복하려는 노력과 의지를 길러주었다. 그것은 내가 결핍을 채워나갈 수 있게 하였고, 열등감에서 벗어나게 했으며, 결단과 용기를 갖는 공부를 하도록 이끌었다. 그 '공부'는 바로 5년 전 시작한 글쓰기였다. 나는 지금도 꾸준히 글쓰기에 정진하고 있으며, 더불어 새벽부터 시작되는 나의 루틴은 여전히 현재진행중이다.

2021년 5월은 내가 치매에 걸린 엄마를 케어한 지 1년이 되는 때였다. 자식들의 경제적, 정신적, 신체적 고통을 헤아리지 못하게 된 엄마는 요양원 입소를 강하게 거부하셨다. 엄마를 근처에 모시며 돌봐드리던 그때 나는 체력의 한계를 느끼며 하루하루 힘들게 견뎌냈다.

일주일에 3일은 오후에 심리센터에 출근하고 강의를 하던 때였다. 주중에 데이케어 센터에 다니는 엄마에게 비상사태가 생기면 2~3일은 나의 일에 집중할 수 없었다. 주말이면 나도 쉼이 필요했지만 엄마를 씻기고, 집을 청소하고, 음식을 만들어 드려야 했다. 엄마를 돌봐드리다 보면 시간에 쫓겨 내 시간관리가 엉망이 되는 날이 많았다. 엄마는 섬망 증세가 심해지셔서 비가 내리는 날에는 밤과 낮이 바뀌어 밤중에 전화를 10번 넘게 하셨다. 매일매일 예측불허의 삶을 살았다. '엄마는 환자야!' 엄마를 환자로 생각하지 않으면 내 정신이 붕괴되고 처참해지기에 나는 계속 속으로 되뇌었다.

예전에 엄마가 건강하실 때에는 안부 전화를 드리면 엄마는 "전화 해줘서 고맙다"고 종종 고마움을 표현했었다. 그러나 이젠 딸들이 잘해드려도 '고맙다'는 말을 잊은 지 오래되었다. 그뿐 아니라 엄마는 평생 아들에 대한 집착이 강하셨는데 아프시면서 그 정도가 더 심해지셨다. 주말이면 오빠가 오기를 기다리셨는데 항암 투병 중인 오빠가 힘에 부쳐 만나지 못할 때도 있었다. 오빠를 보지 못한 주말이면 엄마는 아들에 대한 그리움과 보고픈 마음이 화로 변하여 부정적인 언어들을 쏟아내며 폭발하시곤 했다. 나는 엄마의 감정 쓰레기통이 된 지 오래였다. 엄마가 그럴 때마다 나도 엄마의 감정에 휘말려 분노 게이지가 상승하며 엄마가 환자라는 사실을 잊게 되었다. 엄마를 한 발짝 물러나 객관적인 시각으로 바라보려 해도 잘 안 될 때가 많았다. '엄마의 뇌 상태를 다 이해할 수 없지'라고 생각하며 먼 산과 푸른 하늘을 바라보며 겨우 분노를 가라앉히곤 했다. '엄마의 뇌 안에 전쟁이 일어날 때 나까지 감정의 소용돌이에 말려들지 말자. 엄마와 내 감정을 분리하자'고 다짐했다. 엄마를 돌보는 일은 내가 할 일이라고 생각하고, 나중에 좀 더 잘할 걸 후회하지 않기 위해 '관세음보살'을 부르며 마음을 내려놓는 훈련을 했다. 그래도 언니가 주말이면 엄마가 좋아하는 반찬과 간식을 챙겨 와 주어서 정말 고마웠다.

　2021년 어버이날은 토요일이었다. 큰아들은 코로나 확진자와 동선이 겹쳤다고 코로나 검사를 했는데 음성 결과가 나오기 전이라 내려오지 못했고, 작은아들은 금요일 오후 반차를 내고 내려왔다. 코로나19로 효도도 비대면으로 해야 하던 때 작은아들과 만날 수 있어서 감사했다. 학교수업이 없으니 대전과 서울에서 두 조카도 내려왔다. 오빠도 모처럼 병원에서 나와 엄마를 모시고 집에서 저녁식사를 했다. 오빠는 바뀐 항암약이 잘 들어서인지 얼굴이 많이 밝아지고 편안해 보였다. 그동안 오빠를 위해 애써준 올케언니에게도 고마운 마음이 들었다. 신축년 어버이날은 엄마와 오빠에게 참 의미가 깊은 날이었다. 언니는 엄마가 오빠네 가족과 함께 보내길 바라는 마음이었는지 며칠 전에 미리 엄마에게 다녀갔다. 나는 마음속으로 오빠의 쾌유를 빌었다. 엄마를 위해서도 오빠가 얼른 회복되기를 바랐다.

2021년은 코로나19 팬데믹 상황으로 언택트 생활이 확산되면서 원격교육과 재택근무가 많아졌다. 강사들도 대면과 비대면 강의를 병행했고, 각 단계별로 모임 인원이 제한되어 강의는 현저히 줄었다. 노력하지 않으면 살아남기 어렵게 되었다. '나는 하루하루 사람답게 살고 있는가?', '나는 누구인가?', '어떻게 살아야 잘 사는 것인가?' 끊임없이 내 마음에게 묻곤 했다. 코로나 블루 속에서 시작한 주말 저녁 글쓰기 수업은 내 마음속에 반짝이는 희망을 주었다. 그리고 편안한 마음으로 주변을 폭넓게 바라보며 강사로서 한 단계 성장할 수 있는 힘을 주었다.

5년 전 처음 글을 쓰기 시작했을 때에는 일주일에 한 꼭지의 글을 쓰기가 쉽지 않았다. 새벽에 이루어진 나의 루틴은 여전했지만 머릿속에 흐트러진 생각들을 정리하여 '누구나 공감할 수 있는 글'을 쓴다는 일은 결코 쉬운 일이 아니었다. 그때부터 글쓰기를 밥을 먹듯, 세수하고 화장을 하듯 습관적으로 실천해왔다. 글을 쓰는 일은 내가 살아오며 선택한 일 중 가장 잘한 선택이었다. 그래서 지금도 잘하고 있다고 생각한다. 글을 쓸 수 있는 환경이 주어진 것도 고마운 일이다. 가끔 나 혼자 자문자답을 해본다.

"어떤 것이 내 인생에 위로를 줄까?"

"글쓰기다."
"마음을 편안히 하고 오롯이 나와 만나는 성소는 어디인가?"
"우리 집 '서재와 기도하는 방'이다."
"어떤 사람과 있을 때 마음이 따뜻해지는가?"
"남편과 두 아들, 며느리들과 손주들이다."

 18년 전 고등학교 생활에 적응하지 못하고 방황하던 작은 아들을 위해서 좀 더 넓은 집으로 이사했었다. 생활환경이 바뀌면 아들의 방황도 멈추지 않을까 하는 기대를 가지고 부모로서 자식을 위해 할 수 있는 최선의 방법으로 선택했던 이사였다. 경제적인 이유로 이사를 반대하던 남편을 "아들의 인생이 걸린 일"이라고 설득했다. 이사 후 다행히 아들은 안정을 찾아갔고 나 역시 안정을 되찾았다. 예전부터 서재를 갖고 싶었기에 여유 공간에 서재도 꾸밀 수 있었다. 작은아들 때문에 한 이사였는데 글을 쓰다 곰곰이 생각해보니 작은아들 덕분에 글을 쓸 수 있는 나의 공간이 생겨 글쓰기를 계속할 수 있었다. 폭풍우 같은 시련도 지나고 보면 감사할 이유가 되는 것임을 새삼 깨닫게 된다.

 사람들은 누구나 다 자신의 깜냥으로 세상을 바라보고 인생을 재단하면서 자신의 생각과 판단이 표준인 듯 살아간다. 20대 시절 친구에게서 들었던, "넌 오뚝이 인형 같아!" 라는 말처럼 나는 친구에게 비춰진 내 모습대로 60평생을 살아왔다. 특별히 잘나지 못했지만 인생고비마다 나약한 마음을 버리고 책임감 있게 살고자 애썼다.

 특히 5년 전부터는 나와 약속한 대로 마음의 주인으로 살기 위해 노력했다. 내 깜냥은 얼마나 될까? 분명한 건 글쓰기를 통해 내 깜냥은 성장했기에 나는 지금 작가로, 현역 강사로 살고 있다. 또한 앞으로도 계속 글을 쓰면서, 봉사와 나눔을 실천하며 성장해 나갈 것이다.

  차가운 꽃샘바람 속에서 꽃도 꽃을 피우기 위해 애를 쓰듯 나 또한 죽는 날까지 나답게 살고자 애를 쓸 것이다. 늘 엄마 때문에 애끓으면서도 다시 일어나 달려온 최혜경! 외로워도 슬퍼도 울지 않는 최혜경! 엄마를 보살피며 애써왔던 너의 수고와 힘든 와중에도 일과 생활의 균형을 잘 맞추며 살아온 너의 노력을 토닥이며 칭찬한다. 그리고 언제나 사랑한다. 너의 아카시아 같은 미소가 변함없이 눈부신 2026년이다.

에필로그

눈부시게 빛나는 당신에게

달빛이나 햇빛에 비치어 반짝이는 잔물결… '윤슬'이라 한다. 2021년의 윤슬은, 9명 인생의 잔물결이다. 김영돈, 김규연, 김순복, 백세영, 안순화, 오순금, 장복순, 정문성, 최혜경이 예측불허의 인생을 헤쳐 나가면서 반짝이는 모습을 한 단어로 표현한 말이다.

하나같이 힘든 세월을 죽어라 몸으로 부대끼며 살아온 사람들이다. 한 번쯤은 폼 나게 살아보고 싶었는데 어느덧 후반전에 접어든 사람들. 잘 알 수 없었던 진짜 '나'를 찾아보려다 마음속에 묻어두었던 '흑백사진' 한 장씩을 꺼내 들었다. 하지만 표현할 방법이 없었다. 일생을 묻어두었던 그 사진을 어떻게 표현해야 할지 어색하기도 하고 막막하기도 했다. 그렇게 걱정하며 2021년 봄을 지나 여름으로 진입했다. '나'를 표현해 내느라 무던히도 애를 썼다. 개도 안 웃을 것 같다는 자괴감도 들었을 것이다. '내 팔자에 무슨 글을 쓴다고' 하면서 자판을 집어던지고 싶다고 말하는 친구도 있었다. 마음속의 앙금을 남들이 읽도록 써내는 일은, 연습과 용기와 배짱과 뻔뻔함을 동반한 일이었다. 하지만 우리는

각자의 숨겨진 에너지를 찾아내고, 5년의 세월을 '내 마음의 주인'으로 살기로 다짐하면서, 놓쳐버릴 뻔한 삶의 방향과 자세를 되찾기 시작했다. 더 나아가 세상과 이웃에 '줄 것'을 준비하기 시작했다.

 윤슬은 이 말을 전하고 싶었다.
 "누구든 이 물결의 반짝임을 바라보고 있다면 당신 자신의 물방울을 돌아보시기 바란다. 그 물방울들이 모여 물결을 이루는 모습을 가만히 들여다보시기 바란다. 당신의 물방울들이 한 데 모여 서로를 아우르며 만들어내는 물결로 당신도 눈부시게 빛난다는 것을 알게 되시기를 바란다."

 휘청대지만 좀처럼 쓰러지지 않는 당신,
 당신도 힘내시기를 바란다.